名师名校名校长

凝聚名师共识
回应名师关怀
打造名师品牌
培育名师群体

广东省基础教育小学英语教研基地项目建设成果

深度学习与英语多模态
教学新范式

吴秉健 等 著

西南大学出版社
国家一级出版社 全国百佳图书出版单位

图书在版编目（CIP）数据

深度学习与英语多模态教学新范式 / 吴秉健等著
. -- 重庆：西南大学出版社，2023.12
ISBN 978-7-5697-2192-8

Ⅰ.①深… Ⅱ.①吴… Ⅲ.①英语课—教学研究—小学 Ⅳ.①G623.312

中国国家版本馆CIP数据核字(2024)第047447号

深度学习与英语多模态教学新范式
SHENDU XUEXI YU YINGYU DUOMOTAI JIAOXUE XINFANSHI

吴秉健　等著

责任编辑：	张　琳
责任校对：	王玉竹
装帧设计：	言之凿
出版发行：	西南大学出版社（原西南师范大学出版社）
	地址：重庆市北碚区天生路2号
	邮编：400715
印　　刷：	北京政采印刷服务有限公司
成品尺寸：	170 mm×240 mm
印　　张：	14.5
字　　数：	256千字
版　　次：	2023年12月　第1版
印　　次：	2023年12月　第1次印刷
书　　号：	ISBN 978-7-5697-2192-8
定　　价：	58.00元

前言

新世纪的教育教学改革经历了计算机辅助教学、互联网数字化资源教学应用、智能化网络资源和教学环境的教学应用，催生了教育数字化转型，尤其是信息科技的发展引领着数字化教学资源的应用从知识碎片化教学走向知识的结构化教学。智慧学习、翻转学习、深度学习等概念已涌现出来，其主要因素可以归结为：一是移动学习终端的普及促进了自适应学习技术的普及，即精准教学出现；二是具身认知和分布认知的协同发展促进了英语"教—学—评"一体化实践，以及人机协同教学和智能化评价反馈；三是素养导向的教育教学促进了基于观念与主题意义探究活动的任务设计的有效联结；四是英语多模态教学新范式助力深度学习。

广东省韶关市小学英语省级学科教研基地经过三年的实践探索和建设，在九所学科教研基地学校当中，分别开展了不同主题、不同指向的教学研训活动：乐昌市凤凰小学、仁化县城北小学、乳源瑶族自治县金禧小学聚焦素养导向的英语教学研训活动；浈江区执信小学、浈江区风采实验学校、浈江区碧桂园外国语学校聚焦英语深度学习专题研训活动；始兴县实验小学、武江区红星小学、曲江区实验小学聚焦多模态教育教学研训活动。此外，基地成员也可自主选择以素养为导向的主题意义探究教学、英语多模态教学、深度学习专题进行协同研训的交流分享活动、优秀课例送教下乡等活动，对接和构建省、市、县、校四级教研体系，对区域教研和校本教研发挥示范引领作用。

本论著内容从第一章至第三章由省教研基地负责人吴秉健独立撰写，第四章、第五章和第六章的第一节也由吴秉健负责整理编写，第六章的第二节、第三节和第四节内容都由相关的教研基地成员指导和九所基地学校英语教研组通力合作完成。

韶关市省级小学英语教研基地成员（以姓氏笔画排序）：

负责人：吴秉健

成　员：王慧蓉　毛丽燕　卢北梅　丘文静　付泉洁　朱海婷　李　虹
　　　　李文芳　李红梅　杨卫群　张帼英　陈玉玲　林　荔　罗萍英
　　　　胡　敏　黄　慰　梁碧媚　雷卫锋　廖　磊

　　本论著得以顺利出版，是由于获得了广东省韶关市省级小学英语教研基地专项经费的全额资助。该省级教研基地建设得到广东省教育研究院正高级英语教研员王琳珊老师的指导，系列的教研基地分组活动由三位市级兼职英语教研员李虹老师、王慧蓉副校长、罗萍英副校长共同策划和具体安排。此外，省级教研基地系列线上线下研训活动的统筹与周密安排，从海报到通知以及互动点评，再到基地简报推文的整理等都由仁化县实验学校杨卫群老师负责。

2023年10月

目录

第一章　素养导向的教学

第一节　主题引领与素养导向教学 ……………………………………… 2
第二节　大观念与教学任务的联结 ……………………………………… 12
第三节　批判性思维与创新思维 ………………………………………… 20
第四节　学习活动观与任务设计 ………………………………………… 29

第二章　多模态教学

第一节　多元读写能力与多模态认知 …………………………………… 36
第二节　教师多元能力与信息素养 ……………………………………… 43
第三节　多模态设计与英语教学范式 …………………………………… 51

第三章　深度学习

第一节　深度学习与知识结构情境化 …………………………………… 60
第二节　具身认知与分布式认知理解 …………………………………… 71
第三节　情境迁移与自适应学习技术 …………………………………… 75
第四节　项目化学习与"教—学—评"一体化 ………………………… 84

第四章　素养导向的英语校本教研实践

- 第一节　素养导向大观念研训实践 ·············· 94
- 第二节　乐昌市凤凰小学校本教研实践 ·············· 98
- 第三节　仁化县城北小学校本教研实践 ·············· 107
- 第四节　乳源瑶族自治县金禧小学校本教研实践 ·············· 123

第五章　基于多模态的英语校本教研实践

- 第一节　基于多模态的英语研训实践 ·············· 138
- 第二节　始兴县实验小学校本教研实践 ·············· 144
- 第三节　武江区红星小学校本教研实践 ·············· 159
- 第四节　曲江区实验小学校本教研实践 ·············· 169

第六章　基于深度学习的英语校本教研实践

- 第一节　基于深度学习的研训实践 ·············· 178
- 第二节　浈江区碧桂园外国语学校小学校本教研实践 ·············· 183
- 第三节　浈江区风采实验小学校本教研实践 ·············· 203
- 第四节　浈江区执信小学校本教研实践 ·············· 214

后　记 ·············· 225

第一章

素养导向的教学

《义务教育课程方案（2022年版）》提出义务教育课程应遵循以下基本原则：一要坚持全面发展，育人为本；二要面向全体学生，因材施教；三要聚焦核心素养，面向未来；四要加强课程综合，注重关联；五要变革育人方式，突出实践。[①]实施义务教育课程方案和课程标准（2022年版），对推动义务教育高质量发展、全面建成社会主义现代化强国具有重要意义。

---

① 中华人民共和国教育部.义务教育课程方案（2022年版）[S].北京：北京师范大学出版社，2022：4-5.

第一节　主题引领与素养导向教学

《义务教育课程方案（2022年版）》提出要坚持素养导向的教学，深刻理解课程育人价值，准确把握课程要培养的学生核心素养，明确教学内容和教学活动的素养要求，培养学生正确的价值观、必备品格和关键能力，设计教学目标，改革教学过程和教学方法，把立德树人根本任务落实到具体教育教学活动中。

一、主题引领的教学

学校和教师在执行课程方案时，应根据学生未来的长远发展以及社会对人才的需求，确立清晰的教育方向，以正面的价值观为导向，着重培养学生的核心素质和重要技能。精选课程内容，注重培养学生的爱国情怀、社会责任感、创新精神和实践能力，为学生未来的发展奠定基础。通过积极探索新技术背景下学习环境与方式的变革，强化学科内知识整合，统筹设计综合课程，开展跨学科主题学习。

（一）主题式教学理念及其内涵特征

主题式教学理念是在20世纪50年代的美国兴起的，它以建构主义学习理论和多元智能理论为基础，通过引导学生进行跨学科的主题探索等活动，来激发他们的主体性和创造性，进而推动他们的全面发展。

在主题式教学中，教学活动是围绕真实的情境和主题展开的。教师会根据主题来设计教学目标，提出具体要求，再设计出相应的教学活动，以帮助学生达成认知和非认知的学习目标。这种教学方式实际上是教师和学生以教学主题为核心，进行一系列的交互式活动。

所选的教学主题通常具有深入研究和拓展的可能性，或是能引发教师和学生共同讨论的话题。主题式教学非常重视理论知识和现实生活的紧密联系，它努力将抽象的知识与学生的日常生活相结合，使学生能够通过直接经验来理解和掌握间接经验。

（二）课程内容与主题引领的关系

在义务教育英语课程中规定的六个要素相互交织，共同为学生核心素养的发展奠定基石。这些要素包括：主题、语篇、语言知识、文化知识、语言技能和学习策略。其中，主题在课程内容中起到了桥梁和引领的作用，为其他要素提供了语境和框架。

主题不仅将各个课程内容紧密地联系在一起，还为语言学习和全面教育设定了具体的语境范围。语篇则作为表达主题的语言和文化知识的载体，为学生呈现了多样化的文本材料。语言知识是构成语篇和传达意义的基础元素，而文化知识则为学生的人文素养、科学精神以及品格和价值观的塑造提供了丰富的资源。语言技能帮助学生获取信息、构建知识体系、表达思想和交流情感，而学习策略则为学生提高学习效率、获得成果提供了实用的方法。

以主题为导向的英语探究教学，有效地融合了教学内容和语言学习。在这种教学模式下，学生的注意力会集中在语篇的主题上，而非仅局限于单纯的语言形式。这种方法的优势显而易见：首先，探究主题内容能激发学生的学习兴趣和动力，从而提升他们的学习热情和课堂参与度。语言在这种教学模式下不再是学习的终极目标，而是成为学生探究主题内容的工具，这有助于减少单纯语言学习的枯燥感。

其次，为了更深入地探索主题意义，学生需要对语篇内容有深入而准确的理解，这反过来又要求他们对语言有更精准的掌握，超越表面的理解。此外，在主题导向的英语教学中，与主题相关的语言现象（例如特定词汇）会高频出现，这对语言学习极为有利。

最后，这种教学模式不仅让学生学习了语言，还拓宽了他们的知识面，丰富了他们的经验，增长了他们的智慧，使他们对周围世界有了更深刻的理解，并在情感、态度和价值观方面获得成长。

（三）主题引领与"教—学—评"的一致性

在实施主题引领的教学时，教师需要根据核心素养的发展要求来构建课程内容结构。这包括精心挑选关键观念、主题内容和基础知识，以此设计课程内容，从而加强教学内容与育人目标之间的联系，并优化内容的组织方式。同时，我们还应设计跨学科的主题学习活动，以加强不同学科之间的联系，推动课程的综合实施，并着重强调实践性要求。

在设计英语单元教学目标时，我们应首先聚焦于主题和语境。以人与自我、人与社会以及人与自然这三大主题为引领，我们的目标是使学生在有意义的深度学习中更好地认识自我、理解他人、洞察社会、探索自然。在此过程中，学生的语言能力、文化意识、思维品质以及学习能力都将得到发展。在实际的教学过程中，我们可以通过构建单元主题意义和基本问题列表，为单元目标设计提供一个清晰的思维框架。这种方法不仅能使目标设计过程可视化，还能通过促进理解的方式，进一步增强教学目标含义的准确性。

教师以主题意义为统领，将单元主题思想和课程内容联系起来，贯穿学生的认知、行为和情感态度，明确单元教学的范围和目标制定的方向，明晰单元主题意义探究的行动路径[①]，使零散的语言知识形散而神聚，并基于对单元主题意义的理解，以几个相互关联的情境问题呈现单元核心任务。

在学业质量评价的实施过程中，教师应结合课程的主题内容，并参考学生的核心素养发展状况，全面描述学生在学业上的具体成就和特点。教师需要掌控教学的深度和广度，注重实现"教—学—评"一体化，明确"为什么教""教什么""教到什么程度"的一致性。

主题式课程整合多个不同学科，有利于培养学生的健全人格，挖掘和升华学科教育的价值，并帮助学生从整体上建构知识体系，培养学生运用学科知识解决实际生活问题的能力，使其从全局思考问题，在此过程中还有助于学生培养自主学习的习惯，激发学生内在的学习动机，发展学生的创造性思维和合作意识。

教师应鼓励学生积极投身于学科探究活动，通过发现问题并解决问题，以及知识的构建和应用过程，深入体验学科思维的独特魅力。强化知识学习与个人经验、现实生活以及社会实践的紧密结合，重视打造贴近实际的情境，从而提升学生理解和解决实际问题的能力。

---

① 魏惠，程晓堂.初中英语单元教学目标设计的理念与实践[J].课程·教材·教法，2022，42（8）：137-144.

教师应致力于推动综合学习的深入发展,通过探索大单元的教学模式,以及积极开展以主题和项目为基础的综合教学活动,帮助学生学会举一反三,将所学知识融会贯通。这样做不仅能加强知识点之间的内在联系,还能有效促进学生的知识结构更加系统化。

二、素养为本的教学

(一)国内以核心素养为本的课程

基于我国最早提出聚焦于核心素养的教育文件——《教育部关于全面深化课程改革落实立德树人根本任务的意见》(教基二〔2014〕4号),教育部进一步细化了各学习阶段学生应达到的核心素养标准,这些标准着重强调了个人素养的提升、社会责任感的培养、对国家的深情厚意,以及自主发展、团队协作、创新实践等能力的加强。基于此,全国各地和各学校须结合地方实际及学生的成长特性,将核心素养和学业质量的要求有机地融入各个学科的教学中。

1. 素养的内涵

联合国教科文组织为"素养"所下的定义为:为实现个人的、集体的和全球性的利益而能在21世纪的环境中有效地参与和行动,从而对信息、数据、知识、技能、价值观、态度和技术能互动地调动和有条理地使用的发展能力。这一定义让教师深刻认识到,单纯地让学习者掌握分散的知识和技能已经无法满足现代社会的需求。更为关键的是,学习者需要能够灵活地运用智慧,在不同的素养要素之间建立起联系,并且能够根据情境的需要进行融合使用,甚至改变情境,从而实现素养要素的综合运用。

2. 素养为本课程的特征

素养为本的课程应具备以下七个核心特征:

(1)以情境化分析为基石。面对21世纪的挑战与机遇,课程设计需以学习者当前及未来可能遇到的情境为出发点。

(2)学习者处于中心地位。教育者须创造多元且贴近实际的学习环境,以激发学习者主动发展并运用素养。

(3)重视素养应用的实证。单纯的知识获取已不足够,重点在于学生能否将所学知识运用于实际,并需要教师构建适宜的学习环境以促进知识的应用。

(4)关注素养带来的变革。获取素养并非终极目标,更重要的是学生能否运用这些素养产生预期的成果和影响，如提升生活体验、促进可持续发展等。

（5）跨学科素养的融合。素养为本的课程强调跨学科性，要求教师具备跨学科的知识储备，以设计综合性的教学活动。

（6）优化课程结构与序列。课程的设计应根据学生素养的提升路径，而非单纯依据学科内容的难易程度来安排主题。

（7）深化对学科内容的掌握。素养为本的课程并不摒弃学科内容，反而强调在学生能够熟练掌握学科内容的基础上，实现对跨学科知识的有效运用。

（二）素养与知识的关系

要实现核心素养的有效培养，必须妥善处理好知识与素养之间的关系。素养，作为运用知识和技能去解决实际复杂问题的能力，其内在的知识论含义表明，知识不仅是解决问题的有力工具，还是人们交流协作的重要桥梁，同时也是个体实现自我提升和成长的关键资源。在课堂教学实践中，要将知识有效转化为学生的素养，需要有策略地重新构建学生的知识观。具体而言，首先，要重塑知识的情境性特征，使其更加贴近学生的实际生活和学习环境；其次，要实现知识的实践性意义，让学生能够在实际操作中理解和运用知识；再次，还要凸显知识的个性化价值，让每个学生都能从知识中找到与自己成长和发展相契合的点。最后，要大力倡导知识的应用和迁移，这不仅是对素养培养的现实回应，也体现了信息时代和知识社会对知识观念及其变革方向的深刻诠释。

教师在进行教学设计时，必须妥善处理好知识与自然、社会及学生之间的关系，并着重关注素养时代下知识观的重新构建。这一过程可以通过以下三条路径实现。

首先，从知识与自然的角度来看，知识应被视为解决问题的工具。我们需要将知识与自然之间的传统因果关系转变为手段与目的的探究关系。这意味着，学校学科中的思想、观念、理论和概念等知识，都是为达到预期的学习效果而服务的。

其次，在知识与社会的关系上，知识应作为交往协作的媒介。知识不仅仅是个人的积累，它更是社会实践场域中交往、合作等活动的桥梁。因此，学习知识的过程也就变成了交往与协作的对话过程，是集体创造和积累知识的社会实践。

最后，从知识与个人的角度来看，知识应被视为自我实现的资源。知识对个人发展、自我实现具有重要影响，它提供了可能性的教育价值，是推动个人成长的重要外在条件。

无论是重新构建知识的情境特征，还是实现知识的实践意义，抑或是彰显知识的个人价值，都需要学习者将知识与个人信念、经验深度融合。只有这样，知识才有可能具备迁移和行动的力量，真正成为素养生成的知识基础。由此可见，教师的知识观直接影响着学习者的素养观、课程观以及教学观，即教师的教学主张。

（三）未来素养的全球参考框架

联合国教科文组织提出未来素养与全球参考框架构成的七个素养构成性要素：信息、数据、技术、知识、技能、态度和价值观等，它们被认为是互动性课程的"宏大图景"和"整体缘由"的组成部分，宏观性素养要素包括以下两个方面[①]。

1. 宏观素养要素实质

理解和推进素养教学的核心要素包括：

一是培养终身学习的习惯。在这个日新月异的时代，掌握学习方法并持续学习显得尤为关键。

二是强化自主意识。学习者应能够利用现有资源，主动采取自我受益和自我实现的行动。

三是学会与工具和资源高效互动。这要求学习者能够针对特定任务，灵活运用各种智力和文化资源。

四是提高与他人的协作能力。学习者需要有效地与他人沟通合作，共同解决复杂问题，并制定出适用于不同情境的解决方案。

五是增强与世界的互动能力。学习者应具备在地方、国家、区域乃至全球层面应对挑战和抓住机遇的能力。

六是发展跨学科的综合能力。在解决问题时，学习者应能够融合不同学科和领域的知识，知识的应用是提升素养的重中之重。

七是拓展多重的读写技能。除了基础的阅读、写作和算术能力外，学习者

[①] 冯翠典.联合国教科文组织指向未来的课程、素养及其实现的"三部曲"[J].全球教育展望，2021，50（4）：3-15.

还需具备数字性、文化性及媒体性等的多重读写能力。

2. 未来素养与未来课程框架

在20世纪末至21世纪初,对于素养的新定义和描述层出不穷。尽管学者们的观点各异,但他们普遍都认为,素养不仅仅是知识和技能,它涵盖了更广泛的内容,包括知识、技能、态度以及价值观。联合国教科文组织对当前素养研究进行了深入的反思,进一步明确了素养的新内涵,概述了以素养为核心的课程特点,并为全球范围内的素养本位课程设计提供了一个参考框架。

在这个未来课程的框架中,频繁被提及的"必备素养"包括:创新能力、交流沟通能力、批判性思考能力、问题解决能力、探索欲望,以及对自我认知的反思能力等。同时,还强调了由数字化技术和信息通信技术所支持的读写能力、媒体处理能力、信息获取能力,以及金融理解和计算能力。此外,框架也注重培养个体的责任感,如主动性、自我指导能力、坚韧不拔的精神、责任感,对结果的承担、适应能力,以及跨文化交流技能,领导力和全球视野等。

(四)素养导向的实践活动设计

语言实践活动设计不仅要注重知识积累,更要注重有效的表达,倡导有思想的表达。其核心要义是指向学生的个体差异性以及思维的深刻性、全面性和创造性[①]:一是被动学习向主动学习转变。学生讲,教师听。团队参与,综合运用。二是低阶思维实践向高阶思维实践转变。事实性知识向实践活动知识迁移。三是重视积累向重视表达转变。知识积累量变引发质变。重视积累,更要重视表达,尤其是有思想的表达。

(五)素养为本的师生角色

尽管以素养为本的课程相较于以学科为本的课程更为复杂,但它为学生和教师提供了更大的主体性发挥空间。这种课程设计使得课程在不同阶段的转变成为一种内容的丰富与拓展,而非缩减或简化。当然,这种丰富潜力的实现,关键在于课程、教学、学习和评价等核心要素之间能否相互匹配、有机融合。

1. 变革学习者角色和学习方式

与学科内容有所区别的是,素养并非可以直接灌输给学生的知识,而是

---

① 冯翠典. 联合国教科文组织指向未来的课程、素养及其实现的"三部曲"[J]. 全球教育展望,2021,50(4):3-15.

必须通过适当的引导和辅助，让学生自主逐步培养和发展。为了有效地提升素养，需要将学习的重心从教师转向学生，实现从教师单向传授到学生自主探索的深度转变。

这种变革的关键如表1-1-1。

表1-1-1 素养为本的课程中学习者的角色变革

教师主导的传授	学生主导的探究
对既定知识被动的接收者	对自己的学习有越来越大的责任感
记忆和反刍	主动地探究和管理各种竞争性信息源
没有参与地服从	在探究过程和成果呈现过程中的共同建构和热情参与
回答教师的问题	形成和探索学习者自己的问题
互相竞争	同学之间互相合作以及与教师合作
单一学科的分段学习	不同学科之间融合性的联系
更为遥远和正式的师生关系	师生、生生之间可以建立信任和融洽的关系
与学习者的背景和情境缺乏联系的独立性的学科学习	通过相关性的学习能够利用原有知识和文化背景来澄清和完善对概念的理解
依赖教师讲说和示范的浅层次学习，关注如何通过考试	深度的学习和内部的动机；研究不同的观点，思考问题的不同解决方式；对信息和程序进行严格询问；研究替代方案，并要求具有创造性的解决方案；根据证据或评价结论做出决定和选择

在学习过程中，为确保素养的形成与发展，学生需要通过多样化的参与方式。这些参与方式包括：情感层面的投入，它会影响学习者的参与意愿、动机以及成就感；认知层面的参与，它关系学习者对复杂概念的理解以及提升更高层次素养的意愿；行为上的参与，它决定了学习者的投入程度、持续参与的决心，以及所选择的学习方法。

2. 变革教师角色和教学方式

为了支撑以素养为本的课程实施，须对教师角色与教学方式进行革新。要确保这类课程的成功实施，必须认可教师在课程共同设计与开发中的关键作用，并鼓励他们在课程设计初期就积极参与。针对不同年级和水平的学生，"脚手架"式教学辅助的难度应有所区别，这将直接影响学生的研究能力范围与深度，以及批判性与创造性思维的发展空间。因此，教师需要担负搭建有效

"脚手架"和规划学习进程的重任,以确保学生所需发展的素养与教学活动紧密相连,从而使学生能够充分展现其素养。

因此,教师需要具备的素养如表1-1-2。

表1-1-2 素养为本的课程中教师角色和教师素养的变革

	教师的角色	教师需要具备的素养
传统课程中的传授角色及素养要求	传递知识的专家;教科书占主导地位	教师作为互动性学习的促进者,在学生的最近发展区及时地提供支架性的干预;教师作为学习的共建者和合作者,鼓励学生参与;了解学习的重点,参与学习的过程,清楚学习的期望和成功的准则,参与提问,开展同伴评价和自我评价,参与建设性的反馈,承担主持自主学习和合作学习的责任
素养为本的课程中的合作角色及素养要求	领域/学科的专家;对内容的组织和交流	能创建认知挑战,能提供适合的脚手架,能开展有效的提问,能提供建设性的反馈,能实施发展性评价并解释结果,能共同建构基于探究的学习活动和评价活动,能及时采取干预措施来推进对学习活动的多维度反思,能接受开放性的学习成果,能引导学生对元认知的反思,能组织自我和同伴评价,能开展指向学习改进的评价

(六)核心素养的课程意义

20世纪初,学科知识通常被划分为各个独立的学科,并通过这些学科来展现其内在的逻辑、结构、现实状况和历史传承,进而成为该学科领域的坚定守护者。

长久以来,课程设计的关键问题一直是如何选择和有效地组织学习相关的知识和技能。美国课程专家古德森深刻地指出,学科内容的结构并非自然形成的,而是社会构建的成果。

在澳大利亚,官方明确提出了五大核心素养:沟通技巧、个人身份认同、前瞻性思考、自主性以及思考能力。在课程设计上,我们面临一个挑战:如何平衡以内容为核心和以素养为核心的两种课程设计逻辑。关于核心素养在课程中的角色和落实方式,存在一些误解,具体如下:首先,有些人仅仅将核心素养视为教育的目标或愿景,却忽略了在课程、教学和评价上保持一致性;其次,有些人虽然尝试将核心素养与各个学科或学习领域相联系,但未能深入挖掘核心素养与学科内容的内在联系;最后,还有人在课堂教学中强调核心素养的达成,但缺乏中间层面的课程标准和评价机制来指导实践。

（七）核心素养与课堂教学的关系

经济与合作发展组织将"核心素养"定义为个人成功和社会顺畅运作所必需的知识、技能、态度、情感和价值观的综合体。而欧盟则强调，核心素养是一系列可迁移、多功能的知识、技能和态度的集合，对个人发展、社会融入和职业发展都至关重要。

为了引导和推动教师的专业发展，我们需要改变现有的"学科本位"和"知识本位"的教学模式，深入理解核心素养的真正含义，从而帮助学生明确他们的未来方向并持续努力。联合国教科文组织列出了21世纪公民应具备的核心素养：求知、实践、社交、生存和适应能力。美国则注重生活与职业技能、学习与创新技能，以及信息科技技能等。英国所定义的核心素养，更侧重于年轻人为了未来生活所需掌握的关键技能和资质。

国内学者钟启泉教授认为，核心素养是学生在学校教育中培养的解决问题能力和素养。而林崇德教授领导的研究团队则指出，核心素养是学生为适应终身和社会发展所必须具备的关键品质和能力，它是完成社会实践活动所必需的知识、能力和品格的综合体现。这种素养的培育需要课程的助力，帮助学生获取、改造和巩固学习经验，这需要通过学校、家庭和社会的共同教育来实现。

有关研究表明，学校教育对学生的学习和发展贡献率高达约70%。与家庭和社会教育相比，学校教育更加规范、系统和专业，它能更有效地传授科学文化知识，培养学生适应个人和社会发展的各种能力，并提升他们的思想道德修养。因此，学校教育是培育学生核心素养的主要途径。然而，要发展学生的核心素养，除了宏观的规划和中观的学科设计外，更需要依赖微观的课堂教学实践。

第二节 大观念与教学任务的联结

全人教育理论与实践研究认为教师教学要从知识传授转向素养导向的课程教学,知识观决定课程教学观,从易到难,分别是基于事实性知识的教学、基于观点性知识的教学、基于概念性知识的教学和基于思想性知识的教学。近年来,在英语课程教学中发展学生学科核心素养已经引起广大学者和教师的重视,指向大观念思想性知识教学能促进知识迁移的深度学习,其路径的结构化可形成多模态教学范式。

大观念并非指基础概念,而是一个更高层次的综合概念,可以理解为"概念之上的概念"。它位于学科知识的中心位置,需要学生经过深入探究才能够真正理解和把握。

一、大观念的概念

大观念在教育领域的提出,最早可以追溯至1902年杜威提出的大观念。2010年,以哈伦为代表的探究式科学教育专家委员会正式从宏观的学科教育层面探讨大观念。

克拉克认为概念如同认知文件夹可提供一个框架或结构,能帮助我们弄清楚并联结各种小观念的"大观念"。[1]这种大观念就像一个能够归档无数信息的文件夹,同时还具备交叉引用的功能,通过某个独特特征来展现信息之间的联系。大观念的重要性在于,它使我们能够将一个学科视为"一系列连贯的观念",进而激发学习动力,促进深层次的理解,并提升知识的迁移、记忆能

---

[1] Clark, E. Designing and Implementing an Integrated Curriculum: A Student-centered Approach [M]. Brandon, Vermont: Holistic Education Press, 1997: 94.

力，同时减少对死记硬背的依赖。

大观念有助于我们厘清许多令人困惑的经验和看似孤立的事实。在威金斯看来，大观念就像是由点连接而成的一幅画，或是复杂领域中的一个简单经验法则。它以简洁的陈述、原则或概括形式出现，推动深度理解，并能在不同学科中灵活应用。

埃里克森强调，大观念的抽象概括体现在持久理解力上，它是基于事实的深层次、可迁移的观念，并揭示了概念之间的关系。大观念与概念相似，具有概括性、抽象性、永恒性和普遍性的特征。

大观念之所以重要且持久，是因为它构成了理解的基础素材，可以被视为有意义的模式。这些模式能够将原本分散的点状知识连接起来。大观念超越了单一的知识和技能，专注于更大的概念、原理或过程，这些概念可以在学科内外的新情境中得以应用。

奥尔森则将大观念描述为"能带回家的信息"，即使在具体的经验和事实被遗忘之后，这些核心观念仍然能够长久保留。

二、大观念的特征

综上所述，对国外大观念教学的研究现状进行分析，我们发现其内涵基本上是一致的，大观念、抽象概括、概念、持久理解力，它们都指向具体知识背后核心的东西。根据以上概念可以归纳出大观念具有以下一系列特征。

（一）大观念是学科的核心纽带

大观念在学科中起到了关键的联结作用，这种联系的概念与舒尔曼在讨论知识增长时提到的"结构"有着异曲同工之妙。这些结构实质上可以看作大观念之间的相互关联与链接。

（二）大观念具有持久性和迁移价值

大观念因其所包含的可迁移概念以及能够应用于不同主题探究和情境脉络的特性，而具有显著的学习迁移价值。此外，大观念的持久性不仅体现在它能帮助学习者理解过去的事件，更重要的是，它还能让学习者在面对新的、未知的事物时也能游刃有余。在信息量爆炸的今天，聚焦于大观念有助于我们有效地应对课程中的信息超载问题。

（三）大观念是抽象的，需要逐渐深化理解

大观念通常是抽象的，因此在使用时，我们应尽量避免使用具体的专有名词和人称代词，以免增加理解的难度。对于学生来说，这些观念的表述可能会显得抽象、晦涩，甚至令人困惑，因此，在教学过程中需要耐心引导，逐渐深化学生对大观念的理解。

（四）大观念的表达方式多样

大观念并非局限于某一狭隘的概念、知识点、目标、活动或技能，它可以以多种抽象的形式来呈现，如概念、主题、持续的辩论观点、自相矛盾之说、理论、背后的假定以及一再出现的问题等。同时，大观念还可以通过各种形式来表达，如单词、句子等，这种多样性的表达方式为大观念的教学提供了更多的可能性和灵活性。

三、大观念组织的课程内容

大观念是课程构建的顶层设计要素，对课程目标、内容、实施及评价等多个环节产生了深远的影响。通过大观念分解得到的"基本问题"系列，实质上为课程实施提供了基本框架。而评价学生学习成效的关键指标，就在于他们能否在学习后准确回答这些基本问题。简而言之，大观念不仅引领课程内容的选择与组织，还贯穿课程实施与评价的全过程。

（一）确定主题，构建知识体系

课程设计的起点在于选择合适的单元主题，因为主题的选择直接决定了课程内容的涵盖范围。主题可以是一个话题、概念或问题，它提供了一个聚焦点和组织架构，有助于我们开发和实施一系列相互关联的课堂活动。这些主题蕴含了丰富的事实知识，是学习的核心分类。

（二）识别理解要点，构建基本问题

学习的最终目标并非单纯获取学科中的具体知识和技能，更重要的是发展深层次的理解并促进学习的迁移。为实现这一目标，我们需要深入理解课程标准，构建学科内或跨学科的大观念以及持久理解。持久理解，也被称为基本理解，是基于大观念的具体推论，具有超越课堂教学的长期价值。

（三）设定知识和技能目标

大观念应被视为学习的终极目标，用通俗的话说，就是"所学的东西，在

忘记细节后仍然留下的部分"。它可能隐藏在所学的知识和技能背后，但能将零碎的知识和技能整合到一个更大的认知框架中。

我们可以根据大观念和具体内容来设计学习目标。一个简便的方法是根据从大观念中分解出的"基本问题"来设定学习目标。这样，我们就能确保学习目标既紧扣大观念，又具体可行，有助于学生形成持久而深入的理解。

四、大观念驱动的核心素养教学策略

大观念是理解之基石，它构建了一种有意义的模式，用以串联起零散的知识点。我们可以将大观念看作从众多细碎概念中概括或提炼出的核心思想，这些核心思想将那些关键的、深层次的观念以有逻辑的方式相互连接，共同形成了一个学科的完整脉络。大观念深刻地反映了学科的根本思维方式和核心观点，它就像是学生深入挖掘学科本质的稳固抓手。

基于英语学科大观念的单元整体教学设计，结合教学案例进行深入浅出的阐述，体现了英语学科的核心价值追求能够对学生成长产生长远的影响。它将学习内容整合起来，聚焦主题意义，通向核心素养，是连接课程内容和英语学科核心素养的纽带和桥梁。

指向核心素养教学的关键策略是：探究主题意义、整合教学内容，开展深度学习、培养核心素养，注重单元整体、发挥协同效应。为深化课程改革，提升教师的专业素养至关重要，这将推动教学设计的革新。以大观念为统领进行教学设计是关键，这将促使英语课程从单纯聚焦语言知识点向关注语言所承载的文化内容转变。同时，应摒弃碎片化的学习方式，采用整合且相互关联的结构化学习模式。如此，英语学科核心素养的培养目标方能真正在课堂上落地。

五、大观念与大任务

缺乏大观念的"洞察"，大单元和课文可能仅呈现表面的联系，无法实现深层组织，导致教学内容仅限于碎片化的知识，难以实现深度迁移和应用。指向语言学科思想和学科思维的本体性大观念具有实际教学操作性，它体现在"学习任务群"和学习单元的层面上。

明确大单元的内在逻辑和命名至关重要。对于每个单元的逻辑和命名，我们需要深入探究：是依据核心任务或大型项目来引领，还是以大观念或关键问

题为主导？是遵循单一逻辑还是融合多种逻辑？（参见表1-2-1）为了实现对大观念的理解和迁移，必须创设具有实际意义的情境，设计富有挑战性的学习任务，并提供有价值的学习资源，使学生在实践中构建并运用大观念。

表1-2-1 语言学科单元教学逻辑结构

单元序号	主题	大观念	知识、概念	技能、策略

威金斯和麦克泰格在《追求理解的教学设计》中提出"逆向教学设计"[1]。与传统教学方法不同，传统方法中，核心任务和其他评估方案通常是在单元学习结束后才确定和完成的。然而，"逆向教学设计"则强调在确定了大观念和基本问题之后，应首先思考如何评估学生的学习成果，即设计出表现性的核心任务。其次，以这个评估证据为出发点，反向推导出单元学习的设计和学习活动的安排，从而确保学生的学习过程和目标紧密相连，落实"以终为始"的教学理念，让评估证据来驱动整个单元的学习设计和学习流程的安排。

基于任务活动或概念学习的理解教学由"大观念"（大概念）驱动，而不是由特定主题的内容驱动。[2]通过引导学生对学习所需环境的理解，基于任务和概念（或观念）的学习可为内容、知识和技能带来"真实世界"的意义。据此学生可形成批判性思维，这对培养他们在21世纪创造性地解决问题的能力至关重要。

六、基于任务学习活动的大概念或大观念教学（见图1-2-1）

国际文凭组织（IBO）认为由概念或观念驱动的教学需要学生在个人经历、其他学科以及更广泛的全球社区之间转移知识。因此，基于任务学习活动

---

[1] 李卫东.大观念和核心学习任务统领下的大单元设计［J］.语文建设，2019（21）：11-15.
[2] Erickson. Getting the Big Idea： Concept-Based Teaching and Learning［EB/OL］.（2013-08-13）［2021-09-18］. https：//semiscoalition.org/wp-content/uploads/Getting-the-Big-Idea- Handout.pdf.

的大概念或大观念教学要求学生在学习时，在布鲁姆分类法的高阶思维层次上进行更具批判性的思考。

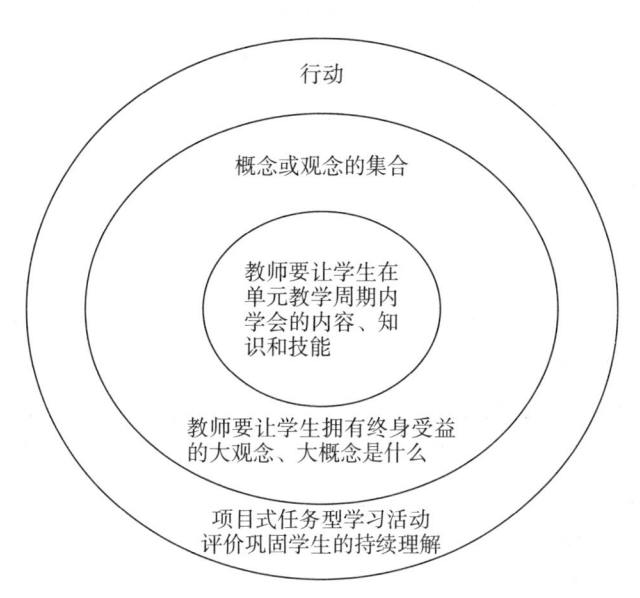

图1-2-1　基于任务学习活动的大概念或大观念教学

（从外到内）
- 行动
- 概念或观念的集合
- 教师要让学生在单元教学周期内学会的内容、知识和技能
- 教师要让学生拥有终身受益的大观念、大概念是什么
- 项目式任务型学习活动评价巩固学生的持续理解

"混合方法"是使用一种以上的教学方法，让学生在"概念或观念"的上下文中思考。在课程开始时先介绍课程的核心主题，然后在每个单元中一次专注于一个主题。随着单元概念的建立，课程结束后引导学生去探寻能将它们联系在一起的主要概念或大观念中心。

"核心概念"的方法是选择一组核心概念，这些概念将在课程开始时介绍，然后在课程的其余部分中加以阐述和重新阐述。重复出现的概念可以每周或每季度出现，甚至也可在互动中逐个出现（见表1-2-2）。

表1-2-2　教师在大概念（或大观念）教学中需要调整的教学策略

教师姓名：	课程与学生年级水平：
课程单元教学时间：	
1.选择学习主题：从学生学习需求出发（教师可选要改革的内容或需要创新的内容）	
本单元需要包括的主题内容是什么？	
2.确定大观念（大概念）：使用以下问题引出并制定本单元的概念或观念	

续 表

思考本单元教学，教师希望学生在课后能形成什么样的价值观念（或概念）以及想法	国际文凭组织（IBO）称这是"持久的理解"（enduring understandings）
尝试用关键词概括"大观念"	这属于概念或只是话题？这是值得学生探讨的概念或观念吗？
是否认为有更适合此内容的"大观念"希望学生考虑？	
单元要探讨什么概念或观念？	
是否为这个单元的内容捕捉到"大观念"？如果没有，请尝试从更加"宏观的概念或观念"去探寻，或者创建一个自己正在教授的主题的概念图，并寻找出现的"大观念"	

3. "引导基本理解"：在单元教学结束时，教师应明确学生需要在事实和概念层面上掌握哪些知识点。通过详尽的记录，期望学生学习并理解的内容和观念，教师可以更清晰地界定教学目标，从而使得规划的学习活动更加具有针对性和可操作性

用"我会"陈述，教师列出本单元为学生制定的主要学习目标。这些应包括内容和概念（或观念）	I can... I can... I can...

4. "使用基于探究的调查"：为学生提供机会，让他们能够先运用自己已有的知识去尝试解决问题或探索新的思路。"大观念"通常会突然冒出来，然后，通过介绍单元概念和研究主题进行跟进，在整个单元的课堂讨论中融入这些概念或观念

教师将使用什么样的学习经验来帮助学生将本单元的内容和概念（或观念）联系起来？	

5. 评估内容和概念：在单元结束时，为学生提供机会展示他们所学的知识和理解。可以设计一项特别的活动，让学生展示与单元核心概念相关的学习成果。此外，也可以将内容与概念的理解融入对学生所学的知识、技能的评价中，让学生将两者结合起来，从而展示他们的综合理解与应用能力

教师将如何评估学生对内容、概念以及它们之间的联系以促进他们的学习？	

在整个任务学习过程中，应相对同等地强调内容和概念（或观念）。教师应设计综合的任务项目或活动，以评估学生的掌握程度以及他们将其与"大局"概念或大观念联系起来的能力。这使学生能够将他们的所学应用于实践。

需要注意的是：概念或观念不是用来取代内容的。相反，可以让大概念或大观念为学生探索的内容提供上下文和目的。教师在教学中选择使用的大概念（或大观念），在很大程度上取决于教学目标、教学内容，教师的年龄、经验和价值观，以及学生的多样性。

第三节 批判性思维与创新思维

思维方式与环境风格一致性的观点认为,个人发展出特定的智力风格,主要受到重要环境的影响。①正如美国著名心理学家罗伯特·斯滕伯格(Robert-J. Sternberg)所言:"如果你的思维方式与环境匹配得很好,你就会茁壮成长。"思维风格的形成会受到风格领域三个传统,即"以认知为中心""以个性为中心"和"以活动为中心"的影响。虽然发散思维和聚合思维是培养更多创新思维的最常见方法,但是聚合思维主要靠逻辑性审视、分析和基于同理心进行思考,所以也叫批判性思维。

一、批判性思维

思维品质的培养离不开对批判性思维的关注,因为这是引领者所必备的一项技能。个人贡献和绩效可以线性方式提升,而团队绩效和创造力则可呈指数级增长。然而,阻碍引领者成长的主要因素是判断,而做判断和练习批判性思维并不是同一回事②(见表1-3-1)。

(一)批判性思维概念

批判性思维是指在具体的情境中不断应用公正、准确和可信的分析、解

---

① Li Zheng, Li Bing. Measuring Thinking Styles of Pre-service and Early Career Teachers: Validation of a Revised Inventory [J]. International Journal of Educational Methodology, 2021, 7(3): 421-432.

② Dave Carvajal. How to Avoid the Most Common Pitfall in Critical Thinking [EB/OL]. (2016-10-05) [2021-9-18]. https://www.alleywatch.com/2016/10/avoid-common-pitfall-critical-thinking.

释,并综合多种数据来源和认知视角来实现理解[①]（见表1-3-1）。

表1-3-1 判断与批判性思维的对比[②]

判断（Judging）	批判性思维（Critical Thinking）
自我驱动（ego-driven）	使命驱动（mission-driven）
自我保护（self-preservation）	团队目标驱动（driven by team purpose）
自我重要,其他人不重要（self is important, others matter less）	无私的,团队重要（selfless, team is important）
情感激励（feelings-motivated）	理性,深思熟虑（rational, thoughtful）
基于恐惧（fear-based）	基于逻辑性（logical）
思想禁锢（close-minded）	思想开放（open-minded）
非理性偏执（irrational biased）	数据驱动,目标分析（data-driven, target analysis）
基于个人重要性（based on personal significance）	基于同理心（empathy-based）
聚焦问题（problem-focused）	聚焦解决方案（solution-focused）

批判性思维是基于同理心——由于我们不是情绪的奴隶,所以会考虑他人的感受。批判性思维可以为我们带来机遇和创新,保持开放的态度,并专注于解决方案。

（二）批判性思维的策略

要让学生能区分知识与观念、事实与真相的差异,并对其差异保持警惕,这样才能使学生产生批判性思考的需要。正如杜威将批判性思维描述为"反思性思维",根据支持它的理由以及它所倾向的结论,积极、持续和仔细地考虑任何信仰或假定的知识形式。[③]就个人而言,我们需要将观念（个人的且具流

---

① Dave Carvajal. What Are Critical Thinking Strategies? 60 Examples And Strategies [EB/OL]. (2008-09-16) 2021-12-12]. https://www.teachthought.com/critical-thinking/critical-thinking.

② Dave Carvajal. How to Avoid the Most Common Pitfall in Critical Thinking [EB/OL]. (2016-10-05) [2021-9-18]. https://www.alleywatch.com/2016/10/avoid-common-pitfall-critical-thinking.

③ Terrell Heick. What Are Critical Thinking Strategies? 60 Examples And Strategies [EB/OL]. (2008-09-16) [2021-12-12]. https://www.teachthought.com/critical-thinking/critical-thinking.

动性的）与知识（更普遍的、流动性较小的）区分开来。

1. 批判性思维的基本策略

（1）分析：通过分析识别事物各部分，了解这些部分之间的关系以及它们对整体的贡献。

（2）解释：解释"事物"的意义，虽然类似于"翻译"，但通常能透露出更多的认知需求。

（3）推断：从数据得出结论，从阅读到玩游戏或到解决现实的问题，都需要合理地推断。

（4）解构：通过叙述或注释进行解构，解构介于分析和逆向工程之间。

（5）反映：观察和反思是思维本身的基本模式。反思的本质决定了它是一种批判性思维。

2. 批判性思维的进阶策略

（1）写作：对认知要求最高的活动，将思考和写作结合起来（如思维日志的形式呈现）效果最好。

（2）独立因果：借助概念图可独立考虑最直接的原因之前的原因，并预测其未来可能产生的影响。

（3）优先次序：排序是一种执行神经功能，首先需要知识，然后将批判性思维应用于其中。

（4）归因思考：能把对事物产生影响的主观和客观因素分开，也能洞察来自舆论的事实。

（5）调查思考：使用探究和思考策略，提供思维起点，判断并说明什么是已知的、什么是未知的。

3. 批判性思维的高阶策略

（1）知情怀疑：在观念、观察和事实之间，通过举例探索一种观念、立场、社会规范等。

（2）观察修改：观察后修改思考问题，这是许多高阶思维的"燃料"。

（3）链接和连接：思考和分析概念会有助于产生想法、发现趋势、捕捉机会、解决问题。

（4）迁移思考：对经验或哲学立场转换认知，获得从自然到设计工具或解决问题的方法。

（5）捍卫立场：这是一个简单的策略，即明确一个"立场"，要用尽可能好的数据和不偏不倚的想法来捍卫它。

要进行批判性思维的关键是要把人和他们的思想分开，探索思维与信仰的本质差异能为长期坚持批判性思维奠定基础。如果因为好奇心要挑战某事，那么既要做好预测，也要做好防御。

（三）批判性思维能力水平差异

批判性思维是一种高阶认知技能，学生需要通过分析和思考的过程而不是简单地积累信息来获得知识，这样才能在个人未来的职业生涯中取得成功。[1] 批判性思维由六个类别组成。（见表1-3-2）

表1-3-2 批判性思维能力水平划分表[2]

批判性思维类别	批判性思维能力	批判性思维提问
低阶水平		
记忆	定义、记忆、重复、状态、列表、描述、检索、复制	有什么特点……？你怎么能描述……？你知道什么……
理解	解释、分类、描述、识别、讨论、定位、报告、选择、翻译、概括、预测、估计……	它有什么作用……？它意味着会发生什么……
高阶水平		
应用	使用、解决、实施、执行、演示、操作、解释、调度、草图、展示	你如何解决这个问题？如果你实施会发生什么……？展示你如何执行……
分析	区分、组织、联系、比较、对比、解构、检查、实验、问题……	你怎么能区分……和……？为什么有必要检查……

---

[1] Hazaymeh W A, Alomery M K. The Effectiveness of Visual Mind Mapping Strategy for Improving English Language Learners' Critical Thinking Skills and Reading Ability [J]. European Journal of Educational Research, 2022, 11 (1): 141-150.

[2] Hazaymeh W A, Alomery M K. The Effectiveness of Visual Mind Mapping Strategy for Improving English Language Learners' Critical Thinking Skills and Reading Ability [J]. European Journal of Educational Research, 2022, 11 (1): 141-150.

续 表

批判性思维类别	批判性思维能力	批判性思维提问
高阶水平		
评估	评价、争论、辩护、判断、选择、支持、重视、批评、权衡、结论	结论是什么？批评……是最好的解决方案吗？选择你一生中做出的最好/最坏的决定。怎么……支持
创建	设计、组装、构造、猜想、开发、制定、创作、调查、生产、计划	如何设计本课程？你认为最好的计划是什么？为什么？制定一个系统……

（批判思维能力水平划分表（见表1-3-2）是在布朗大学（Brown University）的Harriet W. Sheridan教学中心研制基础上整理的。）

（四）基于科学基础的批判性思维

科学论证和批判性思维通常是难以辩驳的。然而，其作为素质和心态，往往是最难传授给学生的。下面是培养基于科学的批判性思维的八大策略。[①]

1. 质疑所有假设：要通过客观科学的思维模式来培养学生的探究性意识和能力。在这个方面，需要质疑一切，因为问题比答案更重要。

2. 暂停判断：暂停判断和无畏地获取不偏不倚的数据需要勇气，而数据可能会让我们从新的视角看待事物。

3. 根据新证据修订结论：为了防止确认偏误，在有新数据的情况下修正结论，从而改变信念。

4. 强调数据而非观念：将分歧描述为数据差异，而不是人与人之间的分歧。将人、观念和数据视为理性的且非常重要的。

5. 对思想的永无止境的检验：新的测试再次验证这些新的结论，它是永不停止的起点。

6. 错误是数据的观点：把错误看作数据，这些数据有助于产生新的结论并促进研究进展。

7. 考虑各种可能性和想法：通过课堂内外的证据和分析推理来检验自己提出的假设。

[①] Lee Carroll, Terry Heick. 8 Science-Based Strategies for Critical Thinking [EB/OL].（2019-08-03）[2021-12-15]. https://www.teachthought.com/critical-thinking/8-science-based-strategies-for-critical-thinking/.

8.寻找别人错过的东西：思考新的方法来考虑或构建旧问题，考虑别人可能错过的东西。

二、创新思维

创新思维是一个用于生成新的、多样的、独特的想法或可能性方案的思维过程。[①]创新思维能带来全新的视角，有时甚至可用非常规的解决方案来解决问题或应对挑战。当我们创造性地思考时，我们专注于探索想法，既可产生许多可能性，又可发展各种理论。创新思维的核心是有意识地通过现有信息获得新的见解和不同的想法。通常创新思维涉及利用不同的思维方式，并从不同的角度审视信息，以发现新的模式。任何人都可以通过系统练习或训练来培养创新思维。

（一）创新思维的特征

创新思维可以通过非结构化过程（如头脑风暴）或结构化过程（如横向思维）来实现。头脑风暴是通过自发和随心所欲的小组讨论产生独特想法和解决方案的过程。无论你选择哪种过程，最终目标都是产生独特的想法。很多时候，批判性思维是在创造性思维产生各种可能性之后进行的。批判性思维是审视这些想法的，以确定它们是否实用。

（二）创新思维的类型

培养创新思维始于改变学生的观点，学习新事物和选择新思维方式可以帮助学生产生强大的想法。创新思维有五种，即审美思维（aesthetic thinking）、发散思维（divergent thinking）、聚合思维（convergent thinking）、励志思维（inspirational thinking）和横向思维（lateral thinking）。[②]

审美思维专注于重构问题，看到其内在的美感和价值，就像看一幅画一样。发散思维和聚合思维是培养更多创新思维最常见的方法。发散思维就像传统的头脑风暴会议，使我们可以在想象中提出尽可能多的解决方案。聚合思维

[①] Peak Performance Center. Critical Thinking VS. Creative Thinking [EB/OL]. (2023-02-28) [2023-05-07]. http://the peak performan cecenter.com/educational-learning/thinking/critical-thinking/critical-thinking-vs-creative-thinking/.

[②] Maggie Wooll. What Is Creative Thinking and Why Does It Matter? [EB/OL]. (2021-04-15) [2023-05-07]. https://www.betterup.com/blog/creative-thinking.

采取更合乎逻辑的方法，鼓励我们收集事实并发现最常见的问题解决方案。励志思维是鼓舞人心的思维，它侧重于想象最佳的情况，以找到解决问题的新方法。横向思维涉及让想法以循序渐进的形式探寻解决问题的方法。

（三）创新思维的重要性

我们在思考问题时如果没有创新思维，就很容易陷入相同的思维模式。尤其是在教师的工作中，相同的思维模式可能会阻碍教师的创新思维，让其陷入对自己不利的例行公事当中。创新思维表明，任何问题都有很多解决方案，培养创新思维能力有助于更快地识别具有创新性的解决方案。

（四）创新思维活动的评价

我们通常会将创新思维和批判性思维视为各自独立的思考，认为创新思维仅是集思广益或将新想法组合在一起，然后批判性思维接管并评估新想法的成功程度，然而创新思维和批判性思维却有可能同时发生。[1]

审视创新思维的价值量表（见表1-3-3），它旨在跨学科中反映出一种认识，即所有学科的成功都需要具有共同属性的探究和分析习惯。批判性思维可以在要求学生完成对文本、数据或问题的分析的作业中展示出来。

表1-3-3　创新思维价值量表[2]

创新思维的维度	顶点	里程碑		基准
获得能力，此步骤在特定领域获取策略和技能	反思：用相关领域的标准评估创新过程和作品	创建：该领域的全新对象、解决方案或想法	适应：用恰当示例适应自定的要求	模型：成功复制适当的示例
承担风险，包括个人风险（害怕尴尬或被拒绝）	积极寻找并尝试有潜在风险的方法，以完成任务	在最终作品中采纳新方法或拓展新思路	按任务准则规定考虑新方法，拓展新思路	严格遵守任务的指导方针

---

[1] Brookhart, S.M. Module 6：Assessing Creativity and Creative Thinking [EB/OL].（2020-01-24）[2023-05-10]. https://alec.tennessee.edu/alec/wp-content/uploads/sites/40/2020/01/Assessing-Creativity-and-Creative-Thinking-script.pdf.

[2] Association of American College and University. Creative Thinking Value Rubric [EB/OL].（2020-01-08）[2023-05-11]. https://teaching.berkeley.edu/sites/default/files/value_rubric_packet.pdf.

续表

创新思维的维度	顶点	里程碑		基准
解决问题	制订合乎逻辑的计划解决问题，了解后果，阐明解决方案的原因	用替代方案制订合乎逻辑的计划来解决问题	考虑并拒绝不可接受的解决问题的方法	只考虑一种方法，并使用一种方法来解决问题
拥抱矛盾	充分整合交替的、发散的或矛盾的观点或想法	以探索性的方式整合交替的、不同的或矛盾的观点或想法	承认交替、发散或矛盾的观点或想法的价值	承认、提及交替的、发散的或矛盾的观点或想法
增强创新思维的新颖性或独特性（想法、主张、问题、形式等）	扩展新颖或独特的想法、问题、格式或产品，以创造跨越边界的新知识	提出或创造新颖或独特的想法、问题、格式或产品	尝试提出或创造新颖或独特的想法、问题、格式或作品	重新规划可用于改革的想法集合
连接、合成、转换	将想法和解决方案转换成新形式	将想法或解决方案综合成一个连贯的整体	以新颖的方式整合想法或解决方案	识别想法或解决方案之间的现有联系

三、批判性思维与创新思维的主要区别

创新思维是用一种从新的角度看待问题或情况的方式，以构思新的或原创的东西。批判性思维是合理化分析、评估和解释信息以做出明智判断或决定逻辑顺序规则的过程。它们之间的主要区别如表1-3-4所示。

表1-3-4 批判性思维与创新思维的主要区别[①]

批判性思维（Critical Thinking）	创新思维（Creative Thinking）
分析型（analytical）	生成性（generative）
发散性（divergent）	收敛性（convergent）
左脑（left brain）	右脑（right brain）
逻辑性（logical）	直觉性（intuitive）

---

① Peak Performance Center. Critical Thinking VS. Creative Thinking [EB/OL].（2023-02-28）[2023-05-07]. http：//the peak performan cecenter.com/educational-learning/thinking/critical-thinking/critical-thinking-vs-creative-thinking/.

续 表

批判性思维（Critical Thinking）	创新思维（Creative Thinking）
连续的（sequential）	想象的（imaginative）
客观的（objective）	主观的（subjective）
归因（reasoning）	推测（speculating）
基于现实（reality-based）	基于幻想（fantasy-based）
纵向的（vertical）	横向的（lateral）
概率（probability）	可能性（possibility）
判断性（judgemental）	非判断性（none-judgemental）
言语型（verbal）	视觉型（visual）
假设检验（hypothesis testing）	假设形成（hypothesis forming）
封闭式（closed-ended）	开放式（open-ended）
模式用户（pattern users）	模式寻求者（pattern seekers）

批判性思维和创新思维是做出判断和解决问题所涉及的最基本的技能。它们是我们成长中最重要的技能。我们每天都使用它们，并持续努力改进它们。批判性地思考一件事的能力，分析一个问题、情况或问题最基本的部分，有助于评估我们阅读和听到的陈述、主张和信息的准确性和真实性。正是批判性思维这把锋利的刀，将事实与虚构、真相与谎言、准确与误导区分开来。

第四节　学习活动观与任务设计

基于活动的学习是通过执行任务或活动来进行学习的过程。这与要求学生简单地倾听和做笔记相反，基于活动的学习通过独立调查和解决问题等实践活动来激励学生亲身参与学习体验。教师鼓励学生通过基于活动的技巧独立探索、实验和学习，试图让学生掌握批判性分析、解决问题和创造的技能。

一、学习活动观

教育部颁布的《义务教育英语课程标准（2022年版）》在课程理念上强调"践行学思结合、用创为本的英语学习活动观"。这一理念始终贯彻在真实情境中学习、通过实践来应用、在知识的迁移中实现创新的学习原则，鼓励学生围绕真实的情境和问题，利用自己已有的知识，参与到探索主题意义的学习理解、实际应用和迁移创新等一连串相辅相成、逐步深入的语言学习和运用活动中。

（一）学习活动观的内涵

首先，强调学习与思考的融合，指导学生在学习理解类活动中获取并整理语言和文化知识，构建知识网络；其次，注重学习与应用的结合，帮助学生在应用实践类活动中将所学的语言和文化知识内化，增进理解并进行初步运用；最后，推崇学习与创新的结合，鼓励学生在迁移创新类活动中联系自身实际，运用所学知识解决现实生活中的问题，形成积极向上的态度和正确的价值观念。这一活动理念将语言、文化和思维紧密结合，成为发展英语学科核心素养的重要路径。它不仅为教师的教学方向提供了指引，也为教师设计、组织和实施教学活动提供了明确的操作指南。从英语学习活动观的视角出发，活动包含三类相辅相成、逐层深入的学习活动，即学习理解类、应用实践类和迁移创新类活动。

（二）学习活动观的教学策略

在学习理解环节，教学活动应侧重于感知与注意、获取与梳理以及概括与整合等基于文本内容的学习步骤。教师需要构建一个与主题相关的情境，以此激活学生已有的知识，并帮助他们认识到自己在语言和认知上的不足，从而产生学习的渴望。在教师的引导下，学生应以问题解决为核心，通过获取新信息、梳理关键点、概括主题思想并整合新旧知识，构建出一个结构化的知识体系，这不仅有助于学生理解语言背后的深层含义，还为他们进一步理解文本所传达的文化价值打下坚实的基础。

进入应用实践阶段，教学活动应聚焦于描述与阐释、分析与判断以及内化与运用等深入文本的学习过程。在学习理解的基础上，学生将在教师的协助下，利用已构建的知识框架进行描述、解释、分析、评判以及实际应用等语言交流活动，这不仅有助于学生将语言和文化知识内化，还能提升他们语言运用的熟练度。通过深入的分析与判断，学生能够探索语言背后的文化意蕴，从而获得深刻的文化体验，并将知识转化为实际能力。

在迁移创新阶段，教学活动应着重于推理与论证、批判与评价以及想象与创造等超越文本本身的学习活动。教师须引导学生深入理解文本的文体特点和结构，探讨其交际目的、组织结构、衔接方式以及语言表达的特色。同时，还应鼓励学生就文本所传达的价值观，作者或主角的态度、观点和行为进行深入探讨，通过推理、论证、批判和评价等活动，帮助学生更深刻地理解主题，洞悉事物或观点的本质，并做出正确的道德和价值判断。最终，学生将在教师设置的新情境中，运用所学的语言、观点、思想和方法，结合自身的生活经验，创造性地解决新问题，表达自己的观点和情感，从而展现出他们的综合素养。

（三）设计学习任务活动

在实施单元整体教学时，我们首先要确立英语课程内容的筛选标准，即必须遵循培育根本、铸造灵魂、启迪智慧、增长才智的原则。其次，课程内容的选取应紧密联系实际生活，反映当代社会的特点，体现最新的社会发展和科技进步，同时聚焦于人与自我、人与社会以及人与自然这三大核心主题。最后，在组织单元教学内容时，我们应以主题为引领，依托不同类型的文本，将语言知识、文化知识、语言技能和学习策略等要素融入其中，并以单元的形式系统地呈现出来。

在进入21世纪以来的前两轮的国家课程教学改革过程中，各地各校中小学英语教师一直都在关注培养学生用英语做事情的能力。当下聚焦大单元整体教学，发展学生核心素养，学生的英语学习任务活动设计已成为英语教学关注的热点和难点问题。

二、践行学习活动观

（一）通过学思结合促进学习任务活动的有效开展

首先，学思结合要求教师设计的学习任务活动要关注学生低阶思维和高阶思维的协同发展。低阶思维记忆、理解，与高阶思维应用、分析、比较、评价之间并非严格的线性活动安排，而应该是由低阶思维的学与高阶思维的思在学生学习任务活动中进行有效的认知协同。

教师能够迅速采取干预措施，以促进学生对学习活动的多角度深入反思，具体包括引导学生接纳多样化的学习成果，并鼓励他们对自己的元认知进行审视。教师还应组织学生开展自我和同伴之间的评价，以实施有助于学习进步的评价活动。

（二）通过用创为本拓宽学习活动的设计思路

学习任务活动的创新主要体现在能共同建构基于探究的学习活动和评价活动。比如，学生在小学即将毕业时，开展以下主题意义的探究：回顾彼此的今昔对比（思想的变化、身体的变化、能力的变化等）、城市的今昔对比（发现城市变化让生活更美好）、自然生态的今昔对比（环境和天气变化，人与大自然中的动植物的生存状态变化）等。在大单元背景下，根据相关或相邻的不同话题，用不同课时去构建（设计）不同学习任务的任务群活动。

用创为本要求教师设计的英语学习任务活动，既能创建认知挑战，又能提供适合的脚手架。比如，记录与某话题有关的任务活动信息、语言知识和文化背景知识，能进行有效的提问。又如，针对城市变迁的今昔对比的提问，能提供建设性的反馈，指导学生如何收集、整理多模态资源，用英语进行创造性描述，还能实施发展性评价并解释结果。此外，评价可以用等级、星级，支持动态评价，最终激发学生的学习潜力。

（三）通过任务活动设计促进师生教学行为转变

教师是教学活动设计的主导者。首先，教师要能根据学生的学情确定学习任务，给学生提供学习任务所需的多模态资源或信息来源和渠道；其次，要设计自己在课堂上从学生个体和学习群体两个维度去组织开展学习任务活动；最后，要在整个学习任务活动过程中提供正确指导并做出及时反馈。综合起来有三点：教师要学会倾听，学会与学生合作，学会及时回应学生的学习需求。

学生是学习活动的主体参与者。学生在准备参与学习任务活动的过程中，需要收集和整理与学习任务活动有关的信息资源，学会呈现自己或小组所收集整理的信息资源。信息提取、梳理、归纳、推断以及信息表达能力都是关键能力。反思评价和交流能力也是学生参与任务型语言学习活动的基本能力。

（四）通过开展大单元任务活动促进素养为本的课程教学

素养指的是在21世纪环境中，为有效参与并实现个人、集体和全球性利益，能够灵活地调动和使用信息、数据、知识、技能、价值观、态度和技术等要素的发展性能力。当前，仅仅让学习者获得孤立的知识技能已不再足够，更重要的是他们能够智慧地在素养的各个要素之间建立联系，以回应不同的情境需求，并能够融合这些要素以改变情境。

义务教育英语课程标准及其他课程标准均强调以核心素养为核心。这意味着我们需要构建以问题解决为目标的大任务、大观念或大主题等课程内容结构单位和教学单元组织形态。这种组织形态不仅作为学习内容的聚合机制，同时也是学习动机的激发机制，能够有效地归纳和整合学科知识点或主题活动内容，从而在学习内容的安排上实现减负、增效和提质的目标。在这样的学习环境中，学生可以通过参与主题活动并完成任务来获得知识和解决问题的能力，亲身经历实践、探究、体验、反思、合作和交流等深度学习过程，进而逐步发展他们的核心素养。

在大单元任务活动开展中，教师要关注素养课程教学的七大特征[①]：一是聚焦重要环节，深刻理解基于学习任务活动的情境分析。二是以学习者为中心，建构学习环境，激发学生获得素养并使用素养。三是强调素养使用的证据，学生应用知识的能力也是展示素养的证据。四是关注素养产生的影响，发展学生的核心素养不是目的，期望学生运用所获得的素养展现相应的成果和预

---

① 冯翠典.联合国教科文组织指向未来的课程、素养及其实现的"三部曲"[J].全球教育展望，2021，50（4）：3-15.

期的影响才是最终目的。五是关注跨学科素养，素养必须通过一系列学科或主题活动来获得。素养为导向的教学不是单一从学科上进行建构的，而是从跨学科角度去建构素养导向的教学。六是聚焦课程的结构和序列，课程结构和课程序列的安排应该根据学生素养的进阶，而不是学科内容的难度来设置。七是关注素养为本的课程内容，它并不排斥学科内容，学生跨学科素养的展示，恰恰需要掌握好各学科的知识内容。

（五）考试与作业的作用

在课程改革中，以素养为指导的考试和作业是不可轻视的重要环节。长久以来，作业常被视为巩固课堂教学知识与技能的工具。但实际上，作业不仅是从有教师指导的课堂环境到无教师指导的自主学习环境的桥梁，更是对学生学习兴趣、自主学习能力、恢复力、自我控制、专注力和时间管理等多项素养的全方位锻炼。因此，作业不应仅仅被看作对知识、技能的加强，而应是培育学生核心素养的重要途径。作业不仅有助于培养学生的核心素养，同时也是评估和诊断学生核心素养发展水平的有效手段。

如何根据核心素养的理念来设计和布置作业，既是义务教育课程标准更新后的挑战，也是实现"双减"政策目标的关键。目前，以单元为基础进行作业的整体设计和实施，被证明是一种既实际又高效的策略。通过单元化的作业设计，我们可以有效避免以课时为单位所带来的碎片化、孤立性和不连贯性，从而更好地促进知识的系统化和问题解决的综合化。

总之，师生唯有与个人信念、经验深度融合，知识才有可能具备迁移、行动的力量，成为素养生成的知识基础[1]，英语学习任务活动才能持久有效地开展。

---

[1] 张良. 核心素养的生成：以知识观重建为路径[J]. 教育研究，2019（9）：65-70.

第二章

多模态教学

　　教师在日常教学中需要面对学情差异明显、认知体验多样的学生群体。教师要想消除教育障碍，就要将课堂上观察学生学习需求的范围变得更大。教师需要设计更具包容性的多模态学习资源用于教学，让学生的学习体验释放出更大的潜力。当下，多模态教学已成为有效的教学途径，理解英语多模态语篇[①]已被写入《义务教育英语课程标准（2022年版）》的语言技能内容之中，信息技术与学科深度融合方式已转向多种模态资源支持的多模态教学新范式。

---

① 中华人民共和国教育部. 义务教育英语课程标准（2022年版）[S]. 北京：北京师范大学出版社，2022：25.

第一节　多元读写能力与多模态认知

多元读写能力（multi-literacy）已成为数字时代的学生不可或缺的生存本领。同时，它也是教师在应对学生不同学习情况和认知能力时，寻求提升其深入学习和跨学科融合技巧的重要方法。多模态辅助的多元读写能力对学生的全面发展具有深远的影响。简而言之，掌握多元读写能力，是学生在新时代条件下全面发展的关键，也是教师提升教学效果的重要手段。

一、多元读写能力

在1996年，一个由来自美国、澳大利亚及英国的学者共同组成的研究团队——新伦敦小组（New London Group），创新性地引入了"多元读写能力"这一概念。按照新伦敦小组的定义，多元读写能力最初主要指的是理解多元化文本的能力。这里所说的多元化文本，是一个广义上的概念，它涵盖了通过多样化符号系统和表达方式传递信息的各类文本，这些文本可以以口头传达、手写记录、印刷出版、视听觉媒体以及电子载体等多种形式存在。

（一）多元读写能力的作用

2016年，芬兰在其国家课程改革中，将多元读写能力确立为跨学科七大核心能力中的一项，凸显了其在现代教育体系中的关键地位。在这一框架下，多元读写能力涵盖文本理解、学科知识、实践能力以及文化素养四个维度。随着移动互联网的普及和交叉学科的兴起，多元读写能力愈发显得重要。为了培养这一能力，芬兰采取了一系列措施，包括优化学校和社区的阅读资源、调整教学目标与方法、转变教师的角色，并鼓励不同学科的教师合作开设跨学科课程。

与此同时，我国也将跨学科教学纳入《义务教育课程方案（2022年版）》，旨在通过此类教学发展学生的核心素养。值得注意的是，多元读写能力与语言核心素养中的语言能力高度契合。

在芬兰的课改中，一个核心任务是构建跨学科学习任务，并着重培养七种横向跨学科能力。这些能力包括独立思考与学习能力、文化交流与表达能力、生活自理及照顾他人的能力、多元读写能力、信息与通信技术能力、职业技能与创业能力，以及参与并推动可持续发展的能力。其中，多元读写能力被看作既核心又基础的语言能力，受到了特别的重视。

（二）多元读写能力的内涵

在现今社会，信息展现的方式日趋多元化和复杂化，这要求学生不仅要能处理常规的文字信息，还须在日常生活中熟练阅读包含视觉图像和多样化设计元素的复合文本。多元读写能力实际上融合了语言读写、社会交际和技术读写三大能力。具体而言，语言读写能力指的是我们通常理解的听、说、读、写以及翻译等基本技能；社会交际能力则涵盖文化理解和批判性阅读等能力，这要求学生不仅要有深厚的文化底蕴和批判思维，还需对多元文化有深入的理解和快速的适应能力；技术读写能力则是对学生掌握现代媒体技术及其运用知识的要求，这不仅包括对技术操作的熟悉，还要深刻理解这些技术形式的特点和潜在意义。

2016年，芬兰在课程改革中进一步丰富了多元读写能力的内涵，提出它至少应包含文本多样性、学科交叉性、能力多元化以及文化多维性这四个层面，从而更加全面地诠释了多元读写能力的深度和广度。

1. 多模态支持的文本多元

多元读写能力中的"多元"，主要体现在文本所采纳的表达手法、传播媒介以及符号体系的多样性上，这一观点与新伦敦小组的理念一脉相承。表达手法涵盖记叙、议论、描写、说明以及抒情等多种形式；传播媒介则包括口头传达、纸质载体以及电子平台等；而符号体系则涉及语言、视觉元素、听觉信号、手势表达以及空间符号等。在当今数字化时代，各类文本的界限正日渐消融，学生在网络环境中频繁遇到融合了文字、图像、图表、超链接、视频和音频等多重符号系统的综合性文本。因此，学生不仅需要理解运用不同表达手法的传统纸质文本，比如诗歌、散文、小说、传记、学术期刊、新闻报道以及广告等，还须具备解读借助多元化媒介传播，融合了语言、视觉、听觉、触觉等多种符号体系的非传统文本的能力。

2. 多模态支持的学科多元

多元读写能力所强调的"多元",同样涵盖了学科的多元性。这要求学生必须具备在多个学科领域内进行阅读和写作的能力。这一点正是芬兰课程改革方案中的重点关注层面,并与美国《共同核心课程标准》所倡导的"像学科专家一样阅读、思考和写作"的理念不谋而合。不同的学科拥有其独特的语言体系和表达方式,因此需要采用不同的阅读和写作策略以达到最佳的理解和表达效果。例如,在阅读赏析文学作品时,我们需要将作品与同一时期的其他作家作品进行对比分析,以深入探索文本所揭示的人性主题;在解读多元文本时,读者需要对同一信息的不同表现形式进行反复关联,并构建概念图以辅助理解;而在研读历史类文本时,则要求读者对文本的创作时间、作者背景以及写作动机进行批判性思考。在写作方面,不同学科间的差异也显而易见,这就要求读者能够将读写能力延伸至多个学科领域,深入了解和掌握各学科的语言特点和读写规范。

3. 多模态支持的能力多元

在文本和学科多元性的基础上,多元读写能力进一步体现为能力的多元化。这要求学生在面对各个学科中的不同类型文本时,都应具备相应的阅读和表达能力。在阅读层面,这种能力可以细分为信息获取、内容阐释、知识整合、批判性思考和价值评估等子能力;在表达层面,包括内容修改、文本创作和成果展示等子能力。

以小学高年级学生在科学课程中经常接触的网络科普文章为例,芬兰的课程改革旨在通过多元读写能力的培养,不仅使学生能够轻松理解这类文章,还能从中提取关键信息,对信息进行阐释和整合。此外,学生还将学会对网络科普文章的真实性、准确性、相关性和倾向性进行批判性思考,评估其价值。更进一步,学生将能够根据文章提供的参考文献查找相关资料,依据这些资料发现并修改文章中的问题,甚至创作出自己的网络科普文章。最后,学生还能根据不同情境和受众,选择恰当的多媒体方式,将文章中的科普信息有效地展示出来。

4. 多模态支持的文化多元

在芬兰的课程改革中,多元读写能力的"多元"概念也触及了文化层面。改革方案明确指出,学生的多元读写能力应包含对不同民族、不同语言文本的阅读与创作能力。基于此，学校图书馆或阅读课程中提供的资源也须体现这种多元性，即要为学生提供由不同民族使用不同语言撰写的文本，这些文本应反映各民族的生活习俗、信仰观念和文化特色。通过阅读、理解和创作这些多模态的文本，学生不仅能够更广泛地接触到多元的文化信息，还能学会欣赏芬兰丰富的民族、语言和文化多样性，从而培养对每一位少数族裔同胞的尊重。

二、多模态认知

（一）一种社会符号系统就是一个模态

在社交互动中，模态可以被视作一种社会符号系统，每种模态都通过特定的媒介系统来展现，进而通过词汇或语法来表达特定的意义。多模态方法强调，我们的交流方式很少是单一的，如单独的口语、书面语或手势，而是多种模态的组合，这些模态包括视觉、听觉和触觉等。

在多模态话语的研究中，符号是如何在交流中共同作用的成为研究的核心。以语言为例，研究不仅仅关注单个词汇的意义，更关注这些词汇如何组合成句子以传达复杂的意义。因此，语言学家克瑞斯和勒文采用语法分析的方法来探究图像如何传达意义。在语法构造中，发言者可以从任何可用的符号系统中选择特征来表达他们的意图。作为社会成员，人们可以利用一系列符号资源来形成常规、可识别、有意义，且富有文化和历史特色的符号交流方式。交流活动本质上是一个符号建构和解读的过程。

（二）多模态话语分析理论与外语教学

随着科技的进步，多模态话语研究的重要性日益凸显。许多语言学家，如克瑞斯和勒文，已将研究焦点转向多模态领域。从多模态话语分析的角度看，各种模态在理论上并无主次、先后或轻重之分，它们应被平等对待。我们需要深入了解每种模态的具体模式和系统，认识它们的语法结构和规律，这不仅适用于以语言为主的交流，也适用于以其他媒体为主的交流。

尽管对图像、电影等模态的研究可能不如语言研究深入，但语言学家们正在努力像研究语言那样去研究其他模态的语法系统。他们模拟语言语法对图像等其他模态的语法模式进行了探索，使对这些模态的理解从表面印象向科学化发展，并为对其他模态的深入研究提供了有力的工具。这些工具帮助我们更科学地分析和理解图像、图形、动画等的结构和意义。

在多模态研究中,我们需要采用新的方法来分析和描述这种多元化的交流现象。不同的模态可能遵循共同的符号原则,从而使音乐可以用来体现行动,图像可以用来表达情感。媒体的存在为模态的发展提供了物质基础,而交际的需求则是模态产生的外部驱动。没有交际的需要,某个模态可能就不会产生;而有了媒体的支持,模态的产生就具备了内部条件。从这个角度看,模态为媒体赋予了生命和意义。

(三)符号在交际过程中经历的操作过程

语言学家克瑞斯和勒文主张:话语不仅是语言,还是一种在社会中构建的现实认知。这种现实认知具备以下四个显著特点。首先,话语是在社会环境中创造并演进的,它必须契合特定社会语境中参与者的利益和期望。从这个角度看,话语实质上是一个动态的意义构建过程。其次,设计环节在内容与表达之间起着桥梁作用。这意味着,在意义和所选择的表达模态之间,存在一个精心策划的设计阶段。再次,生产环节是对表达方式的组织和实现,它涉及将符号事件通过具体材料呈现出来,使之成为可感知的形式。最后,分布则是对这些材料的进一步处理和传播,例如,将音乐或对话录制到磁带或U盘上以进行保存和传播。这一过程确保了话语材料的持久保存和广泛传播。(见表2-1-1)。

表2-1-1 多模态系统的层次关系[①]

层次	系统	次系统	实例
语境	文化语境	情景语境	语篇结构
	模态与文化的关系	模态与情景语境的关系	话语生成
意义	意义潜势	语域	语篇
	意义系统到模态规则	语域与模态次系统规则	设计
模态	模态系统	语域的模态	模态整合
	模态到媒体的体现规则	模态到媒体规则	生产
媒体	媒体系统	模态的媒体类型	媒体整合
	媒体到实体的规则	媒体到实体的体现规则	分布
实体	实体综合	体现媒体类型的实体	实际实体

---

① 张德禄,等.多模态话语分析理论与外语教学[M].北京:高等教育出版社,2015:69.

（四）基于VARK（Visual，Auditory，Read-write，Kinesthetic）多模态资源学习策略

学校有各种不同学习风格的学生，一些学生更喜欢口头讲解如何完成任务，而另一些学生则更喜欢实物演示。戈登·凯利学术成功中心（The Gordon Kelley Academic Success Center）提出：接触到多种学习方式（多模态）的学生可以学得更快、更深，也能记住更多他们学到的东西。[①]

有几个模型可以解释学习方式，其中最受欢迎的是新西兰教师尼尔·弗莱明提出的VARK模型。根据VARK模型，有四种主要类型的学习者：视觉学习者、听觉学习者、读/写学习者和动觉学习者。

运用VARK模型对学习途径进行分析后发现，图片和图表等视觉信息很有帮助；有声读物和播客比其他方式更受欢迎；写下的信息可以帮助学习者记忆；一种实际的、亲力亲为的方法更有效。

1. VARK多模态学习者的特征

有关研究已经证明，当教育者同时应用多种模态的学习资源时，学生的学习效果更好。多模态学习能创造一个令人兴奋的学习环境，从而提高学生的参与度。这是因为他们没有被迫要求遵循一种不适合他们的特定学习风格。在使用视频进行学习时，学习者可以结合醒目的视觉效果和高质量的音频等技术来激发和保持创造力，学习者甚至可以在自己的在线课程中使用白板动画。

VARK学习策略是针对每种学习方式的策略，即可以提高不同学习风格学生参与度的策略。听觉学习者更喜欢通过向他们解释解决方案和例子来学习新概念。视觉学习者可以通过观看学得更好，通过使用与课程内容相关的图像，教师可以让这类学生在课堂上保持参与度。这类学生通常喜欢做笔记，在安静的地方学习。动觉学习者通常被称为亲身实践学习者，他们更喜欢把手弄脏，并与这门学科进行身体接触。

2. 多模态学习的四类典型案例

在完全理解了什么是多模态学习之后，多模态教学指导可归结出以下四类

---

① Eduardo Litonjua. What Is Multimodal Learning［EB/OL］.（20210-12-16）［2023-05-16］. https://e learning industry.com/what-is-multimodal-learning.

典型案例①。

（1）案例学习：在课堂上介绍或演示一个概念时，使用真实生活中的例子。它提供了实际的证据，证明学生在课堂上学到的东西在现实世界中是有用的，可激发他们学习的动力。

（2）多媒体研究项目：多模态研究项目将让学生从不同的媒体来源（如书籍、播客和新闻剪辑）找到信息。然后，他们可以为自己的发现制作一份演示文稿。

（3）益智游戏：游戏通常同时使用多种模式。例如，数学游戏可以为传统数学课增添情趣。还有像Prodigy这样的数字游戏平台，可以让学生在没有意识到自己在学习的情况下，练习越来越多的数学题。

（4）思考—结对—共享战略（Think—Pair—Share）：促进个人思考、协作和在活动中演示的技术。它提高了学生的理解、合作和表达能力，还有助于发展形成性评估策略。

为了达到最佳效果，多模态的学习归纳起来需要综合使用以上四种方法或四种不同的模式：视觉模式、听觉模式、读/写模式、物理/动觉模式。广东省学科教研基地学校的教师对英语多模态教学理念与实践的研究和交流，已带动越来越多的青年英语教师在教学观念上的转变和教学策略上的调整。

---

① Eduardo Litonjua. What Is Multimodal Learning［EB/OL］.（20210-12-16）［2023-05-16］. https://e learning industry.com/what-is-multimodal-learning.

第二节 教师多元能力与信息素养

教师的专业发展路径，不外乎两种：一是选择独立成长，这条路需要投入比常人更多的时间和精力；另一条路则是加入学习共同体，与同仁们共同进步。值得注意的是，每位教师的知识和经验都有其独特性，这些知识和经验的界限并不总是那么清晰。正因如此，即便教师们每日在校园中与众多同事共事，大家的工作环境和思考方式颇为相似，但由于长期没有进行深层次的沟通，彼此间仍像隔着一层看不见的隔膜。这种情况往往导致他们对彼此在专业成长过程中的收获和技能提升视而不见。因此，促进教师之间对彼此隐性知识和能力的学习，拓展教师多元能力和提高信息素养就成了教师专业发展的不竭动力。

一、教师实践能力

（一）教学设计能力

教学设计专家和学科教师都是宝贵的知识资源，借助知识管理的理念，可以进一步提升教师的教学设计能力。之所以这么说，有以下几个理由：首先，学科教师所拥有的教学设计知识，有很多是难以言传的隐性知识，这些隐性知识是教育领域中最丰富、最有价值的资源之一。其次，教学设计知识只有通过教师的实践应用，才能充分发挥其价值，进而催生出更优质的教学设计方案。最后，知识的流动不是单向的，而是需要学科教师之间进行教学设计方面的协作与交流，通过这种方式，可以实现知识的有效共享和创新，从而提升教师的教学设计能力。这种自下而上的知识流动方式，比单纯由教学设计专家向学科教师传输知识更加有效。

（二）教师教学设计能力发展

新手教师教学设计能力的形成离不开向专家教师学习的过程。该过程包括向专家教师学习显性知识和隐性知识。知识创造理论之父、知识管理的拓荒者野中郁次郎和竹内弘高共同所作的管理学著作《创新求胜》（*The Knowledge-Creating Company*）中阐述了显性知识和隐性知识在社会化学习中相互转化的过程。（见图2-2-1）

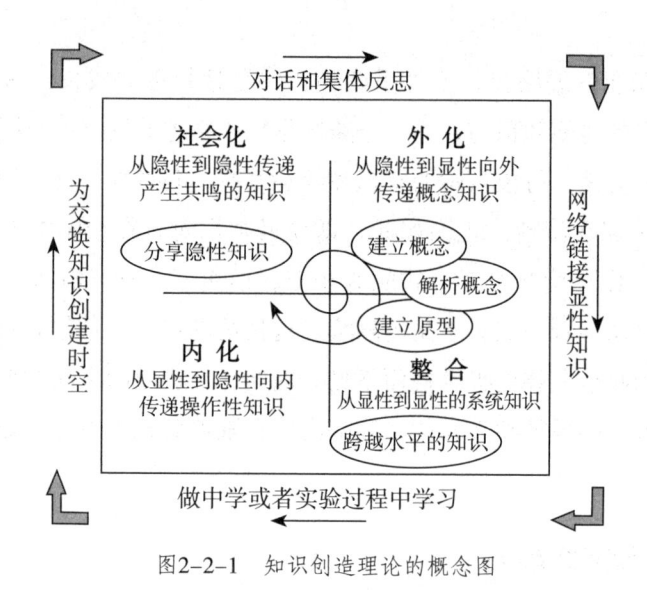

图2-2-1 知识创造理论的概念图

野中郁次郎、竹内弘高提出的相互关联的社会化、外化、整合和内化四个程序，表现了显性知识和隐性知识相互转换的SECI模型。

（三）教师探究型教学能力

加拿大阿尔伯塔大学的加里森等人在研究计算机媒体通信（Computer Mediated Communication，CMC）和计算机支持的会议文本分析教育经验的基础上提出了社区探究性学习的模型。该模型假定在线社区内学习需要通过三个核心部分——社会存在（social presence）认知存在（cognitive presence）和教学存在（teaching presence）的相互作用而发生，即能胜任三种存在的探究型教学。①社会存在指教师群体性参与属于社会成员的社区性交流和学习；认知存在指教学经验学习和分享需要教师作为正常人要用认知感官去获取信息和分析交流信息并做出回应；教学存在体现教师教学经验的分享必须有教学的实践过程才能提出有情境性的教学问题进行研讨。如图2-2-2所示，媒体通信的社区探究学习模型中三大要素之间是相互作用并处于运动状态的。这是教师相互学习和分享彼此教学经验的最优化过程。

```
                    思考研究
                    适用性
                    deliberation
                    (applicability)
                         ↑
         exploration         integration
         探讨                整合
理解  ←                 经验                →  概念（想法）
perception              experience              conception
(awareness)                                     (ideas)
         triggering event    resolution
         触发问题            解决方案
                         ↓
                    行动
                    action
                    (practice)
```

图2-2-2　认知存在中持续交流建构意义的过程②

国际教育技术协会（ISTE）的学者强调，教师的技能建构应当融入学习情境中，以帮助学生提升在各学科领域的素养。其指出，技能建构常常伴随着知识的获取，而学习与技能在教育过程中是相互依赖的，这种相互作用能够推动学习的创新和改革。然而，在研究教学改革的过程中（从基于内容的教学转向基于技能的教学），教育者会面临一个显著的学习挑战，这种转变可能会导致教学方法在两个极端（基于内容的教学和基于技能的教学）之间摇摆不定，被

---

① Garrison D, Anderson T, and Archer W. Critical Inquiry in a Text-Based Environment: Computer Conferencing in Higher Education 2003 [EB/OL]. （2003-10-10）[2023-05-16]. http://auspace.athabascau.ca: 8080/dspace/bitstream/2149/739/1/critical_inquiry_in_a_text.pdf.

② Garrison D, Anderson T, and Archer W. Critical Inquiry in a Text-Based Environment: Computer Conferencing in Higher Education [J]. The Internet and Higher Education, 1999, 2 (2-3): 87-105.

称之为"钟摆现象"。利用这种现象，我们可以将信息技术应用能力有效地整合到教学活动中，使它成为一种信息资源管理能力，同时为教学分析提供必要的结构化数据。

二、教师自我实现目标的能力

教师的教学任务设计需要与学生的学习和生活的自我实现目标建立联系。2020年，在马斯洛逝世50周年之际，考夫曼一本大胆的新书《超越：自我实现的新科学》（Transcend: The New Science of Self-Actualization）通过将马斯洛的需求理论与实证心理学的最新发展相结合，提出了他的需求理论的更新版。目前国内也存在对该书的热议。据文献考究，相当令人惊讶的是，马斯洛本人从未创造过需求金字塔。马斯洛于1908年出生于纽约布鲁克林，至今仍被认为是20世纪最有影响力的心理学家之一，尤其以他的人类需求理论而闻名。作为对第二次世界大战暴行的回应，马斯洛想要发展一种关于人类潜力的心理学，以揭示我们每个人的优点以及人类最终需要什么才能蓬勃发展。然而，在马斯洛的作品中却找不到金字塔的形状。而在20世纪50年代末60年代初，一群管理学学者把金字塔画成了希望"以最低成本获得最大动力"的通俗易懂的推销符号（如图2-2-3）。

图2-2-3 马斯洛需要层次学说[①]

---

① Frank Martela. Frank Martela Maslow 2.0: Replacing the Pyramid of Needs with a Sailboat of Needs [EB/OL]. (2020-12-22) [2023-05-16]. https://frankmartela.com/2020/12/22/maslow-2-0-replacing-the-pyram id-of-needs-with-a-sailboat-of-needs/.

金字塔与马斯洛本人没有任何关系，而这标志性的形状在管理教科书和商业顾问中流传开来，他们急于将金字塔作为一种工具来推销，从毫无戒心的员工那里获取动力，以增加产值，获得更大的收益。考夫曼认为，马斯洛理论中经受住了时间考验的部分是两种需求之间的区别。首先，底层基本需求主导了我们的动力，如果底层需求的物质保障缺乏，它就会压倒任何更高的需求。比如你在水下缺氧，你首先想到的一定不是自我实现，你唯一需要关心的就是能够再次呼吸的必要性。物质需求越是不稳定，它就越会左右我们的想法。饥饿是一种强大的动力。然而，只要你对获得水、食物和住所的途径感到安全，你就不会过多地考虑这些问题（见图2-2-4）。

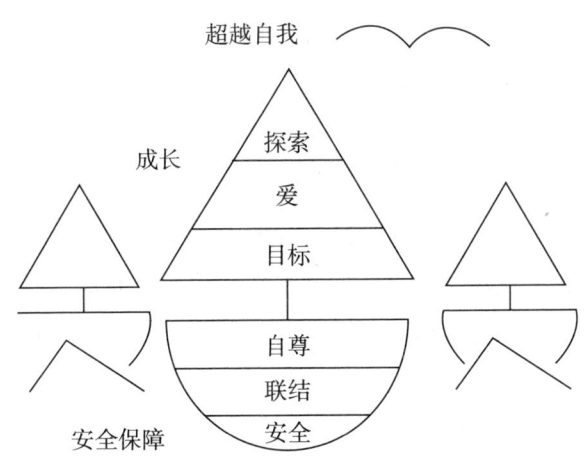

图2-2-4　考夫曼的自我超越探究性学习新范式①

考夫曼引用塞涅卡的话说："如果一个人不知道自己正驶向哪个港口，自然就不会见风使舵。（If one does not know to which port one is sailing, no wind is favorable.）"②对于以成长为导向的需求，考夫曼再次提出了三点：探索、

---

① Frank Martela. Frank Martela Maslow 2.0：Replacing the Pyramid of Needs with a Sailboat of Needs［EB/OL］.（2020-12-22）［2023-05-16］. https：//frankmartela.com/2020/12/22/maslow-2-0-replacing-the-pyram id-of-needs-with-a-sailboat-of-needs/.
② Frank Martela. Frank Martela Maslow 2.0：Replacing the Pyramid of Needs with a Sailboat of Needs［EB/OL］.（2020-12-22）［2023-05-16］. https：//frankmartela.com/2020/12/22/maslow-2-0-replacing-the-pyram id-of-needs-with-a-sailboat-of-needs/.

爱和目标。探索我们的环境纯粹是为了乐趣，我们想要感受到与他人的深深的联系和爱，并寻找值得追求的目标来激励我们的活动。当然，成长需求并没有被描绘成一个需要攀登的金字塔；它们最终是向生活敞开大门，敢于将生活视为一种探索。船体越坚固，扬帆远航就越大胆，正如诗人李白描绘的"长风破浪会有时，直挂云帆济沧海"。实际上，马斯洛从未真正创造过金字塔图形来代表需要层次。重新审视和还原马斯洛需要层次的自我实现理论可以发现，马斯洛强调的自我实现总是处在一种"成为"的状态里。①他还强调，一个人的"核心"仅仅是由"潜能，而不是最终的实现"组成的，且这些潜能是"脆弱的、微妙的、不易察觉的，很容易被学习、文化期望、恐惧、不赞成等淹没"，并且还很容易被遗忘、被忽视、被闲置、被忽略、被压抑，也不能用言语来表达。马斯洛明确指出，人类的成长是一个持续的过程，并且成长"不是一种突然的、跳跃的现象"，而通常是进两步退一步的过程。

三、教师驾驭教研转型的能力

教师在参与各级教研活动时，其主导能力主要体现在引领教研转型上。教研工作应深入关注学校与课堂内部的公平性，致力于为学生创造一个平等的学习机会。某些教师在课堂上偏向优秀学生，剥夺了其他学生的发言与学习交流的机会。因此，教研的一个重要方向就是引导教师关注并改善课堂中的不平等现象。

为了全面推进教研工作的转型，我们需要：一是进行前瞻性思考，提升教研工作的品质与影响力，确保教育质量；二是打破科研与教研的界限，为教师的职业发展和课堂、学校的改革方向提供明确的指导；三是建立完善的网络教研机制，利用信息技术推广优质教育资源，使教研成果更广泛地应用于实践；四是防止教师对学生施加过度的控制，鼓励学生自主学习；五是重视并加强农村地区的教研工作，确保教育资源的均衡分配。

上海在教研方面的传承与创新为我们提供了范例。他们坚持规范教学流

---

① Frank Martela. Frank Martela Maslow 2.0: Replacing the Pyramid of Needs with a Sailboat of Needs［EB/OL］.（2020-12-22）［2023-05-16］. https://frankmartela.com/2020/12/22/maslow-2-0-replacing-the-pyram id-of-needs-with-a-sailboat-of-needs/.

程，深入研究教学目标、结构、内容、过程和作业设计，确保教学的针对性和实效性。同时，上海教研实现了五个重要的转向，形成了独特的研究特色，值得我们借鉴。

教研员作为教师之师，他们的专业素养对教研的升级和转型至关重要。为了提供多样化、可选择的课程和学习资源，优化学校课程质量，我们需要一支具备"多岗位胜任能力"的教研队伍。如何使教研员更好地满足学校需求、为教师提供专业的指导，将是我们未来研究的重要课题。

北京市海淀区教师进修学校为了提升教研员的整体素质，特别制定了教研员标准，旨在清晰界定教研员所必备的核心素养，并进一步强化他们的能力建设。这一过程从全体教研员共同描绘优秀教研员的形象开始，通过自下而上的方式，逐步构建出教研员专业素养的框架体系（见表2-2-1）。

表2-2-1 教研员必备的十大素养

标准维度	标准要素	主要内容
专业精神	1. 专业意识	秉持服务理念，致力于学生、教师和学校的发展进步。深入理解岗位职责，以提升区域内整体教学质量为使命。制定合理的职业发展规划，不断增强教研实力，以适应教育改革的需要
	2. 专业情怀	对学生和教育工作充满热爱，通过提升服务质量来追求卓越教育成果。遵循教育规律，尊重学生个体差异，为教师提供分类、分科、分层的持续进修的机会
专业知识	3. 学科专业知识	深入掌握学科专业知识，理解学科的核心思想和方法。能够引导教师落实课程标准，展示教学新理念和设想
	4. 学科教研知识	根据教学内容和学生实际情况，指导教师创造有利的学习环境，以激发学生的学习动力
	5. 教师教育知识	清晰识别教师和组织的培训需求，构建具有区域特色的教师教育课程体系。能够规划并组织区域级的研修活动，为联片教研和校本研修提供有针对性的指导
	6. 课程知识	深刻理解学科的育人目标，能够准确把握教材编写的意图，并以此为基础进行教学设计
专业能力	7. 课程建设与资源开发能力	参与制定区域性的课程规划，指导学科校本课程的开发和实施过程。根据学科教学的需要，带领团队建设和丰富区域课程教学资源

续表

标准维度	标准要素	主要内容
专业能力	8. 教学研究与指导改进能力	通过多种形式深入调研当前的教学状况，科学分析课堂教学问题并提供精确指导。详细解读学科课程标准和教材，通过讲座和案例分享来指导教师的教学实践。能够聚焦学科教学的关键问题，带领团队进行研究并在实践中不断优化
专业能力	9. 质量评价与分析反馈能力	制定学科学业评价的详细方案，开发学科评价工具并实施评价。利用大数据进行深入分析和反馈，为学校和教师提供具体的改进建议
专业能力	10. 教育教学科研能力	敏锐洞察学科教学中存在的问题，以研究课题和项目为载体寻求解决方案。能够组织课程改革的实验研究，善于发现、总结和推广优秀的教学成果

  该框架从专业精神、专业知识和专业能力三个层面入手，首先着眼于培养教研员的专业意识和深厚情怀。其次，聚焦于他们在学科专业和教师教育方面的深厚知识储备，特别是关于课程和教学的专业知识。最后，框架还着重关注教研员在教学指导与评价、资源开发以及教育科研等方面的综合能力，共涵盖了十大核心素养，并细化为具体内容，从而全面、系统地形成了教研员专业素养的衡量标准。

第三节　多模态设计与英语教学范式

新伦敦小组开辟了多模态应用于语言教学的先河，多模态教学被应用于课堂的积极意义后续获得多项研究证实。有关多模态的深度学习，美国斯坦福大学的研究团队提出多模态的深度学习可以创设三种有效的学习情境[①]：①多模态融合（multimodal fusion）；②跨通道学习（cross modality learning）；③共享表征学习（shared representation learning）。

一、多模态深度学习

2016—2021年，以色列海法大学设计与教育学院进行了一项为期五年的教学实验，以基于文本的视频（Text-Based Video，TBV）为基础模型，该教学实验课程在五个学年使用不同的教学形式授课：面对面学习、远程学习和混合式学习。教学课程被高质量的视频和文本完全覆盖。

基于文本的视频（TBV）模型的两个主要组成部分是视频和文本。它基于高质量文本而创建，而高质量文本是高质量视频剪辑的基础。它旨在改善高等教育中量化课程的学习。这项研究是基于对参加商业数学课程的七十名学生进行的抽样调查。调查周期结束后，学习者被要求填写调查问卷。最终研究结果显示：尽管学生更喜欢看基于课文的视频，而不是只看课文，但学生认为，视频和文本的结合是迄今为止最有效的教学方法。无论是面对面学习、远程学

[①] Jiquan Ngiam, Aditya Khosla, Mingyu Kim, et al. Multimodal Deep Learning [C] // Proceedings of the 28th International Conference on Machine Learning（ICML-11），2011：689-696.

习,还是混合式学习,结果都是一样的。①高等数学学习的有效性教学实验归纳出基于文本的视频的十二个优势:

1. 视频技术非常适合在线学习,特别是作为异步学习,替代或补充面对面的学习。视频剪辑的两种主要方式是使用摄像机或视频捕获(截屏)。

2. 多媒体学习理论建议结合动画和音频演示在双重编码理论中,信息通过离散输入进行处理——语言渠道或非语言渠道,都能改善学习体验。

3. 录制屏幕视频后,可以对其进行编辑以产生变化,录屏播放比摄像头录制的视频效果更好,可以给学习者带来更多动态和激动人心的内容。

4. 对于会用工具录制视频的师生来说,视频可以使课堂更有效率、帮助解释内容(如词汇等),截屏可以提高学生的参与度和成绩,让学生在小组中进行协作,帮助学生思考。

5. 屏幕录像允许学生按照自己的节奏移动,因为他们可以随时暂停或查看内容。对于那些需要对课程内容进行口头和视觉解释的人来说,截屏录像是极好的选择。

6. 由于文本与插图竞争,两者使用相同的视觉通道,而通过使用屏幕录像,学习记忆的视觉和语言通道的负荷会被降至最低,反而又促进了更有效的学习。

7. 智能手机和平板电脑应用的大幅度增长使学生能够克服时间和地点的限制,随时随地观看教育视频。

8. 通过截屏录像,数字视频可以呈现专家,并伴随着他们的音频评论。

9. 截屏视频在教学上等同于面对面的指导,有助于学生理解和吸收课程中的内容。

10. 与传统的印刷媒体不同,使用截屏录像,可以传递和处理信息,有效地处理媒体涉及的复杂的认知功能。

11. 屏幕播放技术增强了教师的实况课程的授课效果。多媒体课程成为一种认知工具,支持、引导和调节学习者的认知过程。

12. 教师的全部多媒体课程可以在校外以翻转课堂的形式提供给学生,教师通过屏幕播放技术在家中讲授课程原理,然后在课堂上进行指导练习。

---

① Ghilay Y. Text-Based Video: The Effectiveness of Learning Math in Higher Education Through Videos and Texts [J]. Journal of Education and Learning, 2021, 10(3): 55-63.

二、后疫情时代的英语多模态教学范式

在疫情期间，学生和教师都转为居家学习和网络授课的模式。这一转变使得教师的角色从传统的面对面、手把手的教导者，演变为信息技术环境下的指导者和激励者。这种"大放手"的教育改革，是教师前所未有的尝试，它打破了以往不敢、不愿或不会放手的旧有模式。教师以成长导师的身份，积极推动学生建立"学习共同体"，大力倡导并督促学生进行"小组学习"和"自主学习"，从而帮助学生在自律、独立思考和团队协作等多方面取得显著的进步。进入后疫情时代，更应深化教育改革，积极探寻新的育人路径，特别是在线智能教育。疫情期间的在线教育不仅是一种应急措施，更是一次教育创新的实践。我们应当继续在此基础上，深入探索教育方式的革新，尤其是要提炼并总结"停课不停教、不停学"的宝贵经验。同时，教师还应研发更智能的教学方法，以激发学生的学习自主性，帮助他们提高学习效率，提升师生在线教学的智能化程度，确保智能技术能够真正服务于每一位学生的个性化成长。

（一）后疫情时代英语教学面临的挑战

英语大班教学与课程标准所期待的课堂效果仍然存在较大差距；学生人数众多仍然是教师实施课堂教学的困难因素；"知识教学"的压力仍然使很多教师面临着顾此失彼的两难境地；不少教师虽然领会了"用语言做事情"的理念，但是缺乏把这样的理念落实到课堂活动中的具体技术；有些地方的终结性考试过于注重考查具体知识细节的倾向，使那些探索具有互动活力课堂的教师受到不必要的挫折。

疫情期间，线上线下教学融合成为常态，数字化转型带来数字化、智能化，催生了多模态的英语教学新范式。英语教师利用计算机和互联网可以把所有的英语课堂活动转换为真实的语言运用活动。在有条件的地区，可以引导学生设计自己的英语学习网络空间，使课堂学习实现线上线下融合，内容可以是学生的学习资源或在线作业，也可以是学生的语音、视频作业的展示。教师也可以引导学生家长进入学生的英语学习网络空间进行互动交流和评价，通过对学生学习的数字化评价数据的挖掘，用融合创新调整学生的学习步调或重构教学设计，教师只有为深度学习而教，学生才能在精准学习的基础上提升学习效率。

（二）后疫情时代的英语多模态教学范式

聚焦运用多模态资源开展教学的理念及其前沿视角，理解多模态范式与后疫情时代的外语教学。在实际的教学过程中，多模态理念通过各种方式渗透到外语教学的每个层面。具体来说，它通常体现在以下几个方面：

1. 综合应用多元化的教学资源，这些资源涵盖了文本、图像、视频以及音频等多种模态；

2. 营造一个融合了空间、资源和布局等多元素的多模态教学环境；

3. 激发学生的多模态交互，即通过各种感官模态来理解和表达意义，从而加强学习体验；

4. 制定并实施包括学习过程设计、评价标准设定以及反馈机制建立在内的多模态教学方案；

5. 着重培养学生的多模态能力，尤其是多元化的读写技能；

6. 在教学过程中生成多模态数据，这些数据可以作为教学反思和改进研究的重要依据。

外语教学的核心流程和最终目标，旨在通过促进学生的多模态交互活动，进而增强他们在真实语言环境中的外语交流能力。

（三）基于英语多模态教学范式的研究案例

韶关市和平路小学是广东省校本研修示范学校，2021—2023年在探索英语多模态教学范式方面进行了深入的实践，学校具备智慧教室、自动录播教室，学生也能自带智能终端进课堂，对智能化终端教学进行常态化应用。学校也曾参与过省教育研究院立项并已经结题的"微课在各学科课堂的实践与研究"（重点课题）研究。学校教师具备一定的研究素养和较强的英语教学实践能力。林荔老师是学校英语学科教研组组长，组织磨课、研课、观课和评课有较便利的条件，落实课题调研或培训的执行力也有较好的保障。

1. 英语多模态教学范式研究的摘要

基于智能化终端支持的英语多模态教学范式研究的重点是从诊断英语教学到基于学习评价的教学资源设计与应用研究；难点是聚焦学生个性化学习特征、学习需求，智能化寻找、关联、生成与汇聚学习资源；亮点是让智能技术精准伴随英语微课的教与学，以及即时的评价和反馈。

2. 英语多模态教学范式研究的过程

第一阶段的研究：①针对智能终端支持的英语微课需求，开展微课教学的行动研究；②针对线上微课推送和学习，获取微课前置学习数据，探索形成性评价。

第二阶段的研究：①根据微课在移动智能终端的教学应用，在实践中发挥人工智能对学习评价的替代作用；②探讨英语微课线上学习与线下课堂的交流讨论，增强小组合作学习资源的内容分享。

第三阶段的研究：利用平台问卷星的检测系统获取英语微课学习评价数据，利用活动获取学生非智力情感学情数据，以调整教学设计和学生的学习步调，从而精准促进学生对线下课堂知识重难点的学习，着力提高学生的读写交流能力。

第四阶段的研究：优化基于智能终端支持的微课教学模式。

3. 英语学情差异化课堂多模态教学范式和路径

韶关市和平路小学作为广东省校本研修示范校，英语课题组引领全体英语教师探索并检验了基于学情差异化测查、个性化精准反馈、微课推送，以及深度学习与课堂交互形成性评价、差异化教学干预与个性化教学辅导相结合的小学英语多模态教学范式，其路径如图2-3-1所示。

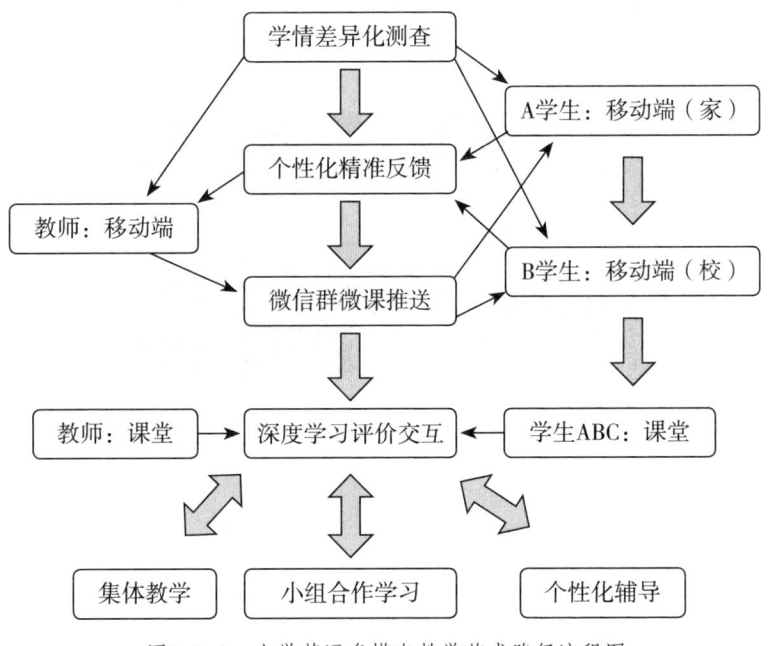

图2-3-1 小学英语多模态教学范式路径流程图

4. 基于深度学习的英语多模态教学范式研究的反思

（1）针对深度学习的英语多模态教学方法：在进行教学设计时，我们需要从认知、人际交往以及自我认知三个维度来制定相应的教学目标，并进一步将这些目标细化为具体、可实施的学习目标。

（2）智能技术的有意识运用：充分利用移动互联网和人工智能技术提供的学习工具，帮助教师更有效地实施同伴教学和提供内容丰富的反馈信息。

（3）深度学习与认知结构的优化：碎片化的知识会妨碍学生对知识的深入理解和长远应用。学生对知识的保持和理解取决于他们能否优化自身的认知结构。

（4）深度学习中教学与学习的互动关系：多个聚焦深度学习的教育改革项目已经证明，提供形成性评价、及时反馈、培养元认知能力以及开展同伴辅导等策略，对提升学习效果具有显著影响。这体现了在深度学习中，教与学应该形成紧密的伙伴关系。

韶关市省级小学英语教研基地有两位核心成员：仁化县实验学校的杨卫群老师和曲江区教师发展中心的李虹老师。她们在学科教研基地建设期间承担了"粤教研"智慧平台上的资源建设任务，负责将英语学科教研基地优秀课程资源上传到平台上供省内外的英语教师交流学习，充分发挥示范引领作用（见图2-3-2）。

图2-3-2　英语多模态教学范式案例资源被收录至"粤教研"智慧平台

韶关市和平路小学的林荔老师提供的人教版《英语》教材五年级下册Recycle 1读写语篇，通过多模态英语微课以读促写，实现"教—学—评"一体化。该资源被韶关市小学英语教研基地学校使用，实现多模态教学数据驱动英语教学设计的生成性（见图2-3-3）。

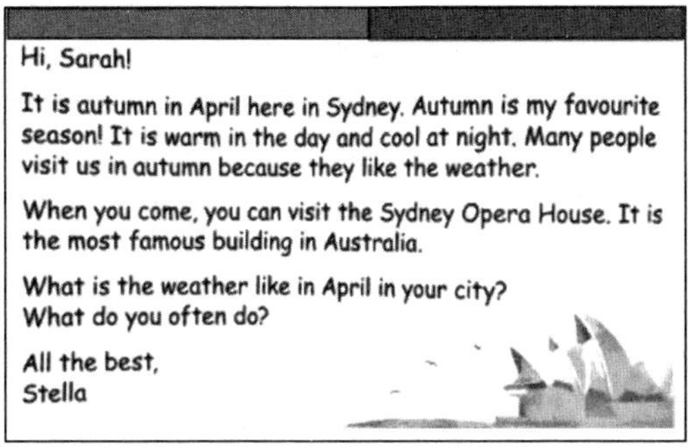

图2-3-3 被收录至"粤教研"智慧平台的多模态英语语篇微课

第三章

深度学习

自21世纪初以来,全球范围内都在热烈讨论一个问题:在快速变化的社会环境中,学生需要学习哪些技能才能成功应对工作和生活中的挑战?当前,学生的大部分时间都被电子产品和社交媒体所占据,而随着信息的极度膨胀,各种"信息疾病"和学习难题也随之浮现。教育系统必须面对这样一个事实:在我们的生活中,知识的传递和沟通正通过日新月异且错综复杂的数字形式迅速渗透进来。在学习科学领域,"深度学习"研究致力于揭示人类理解的深层次机制,并构建高效的学习环境。深度学习已经被许多发达国家和地区确定为21世纪教育改革的核心目标。随着信息技术与学科教学的深度融合,越来越多的师生开始采用聚焦学科核心素养发展的教学方式,整合教育资源,并运用深度学习策略。

第一节　深度学习与知识结构情境化

一、深度学习的概念

深度学习是美国学者弗伦斯·马顿和罗杰·萨尔乔于1976年首次提出的关于学习层次的一个概念。2006年，加拿大多伦多大学计算机系的辛顿教授在《科学》上发表了《利用神经网络刻画数据维度》的文章，掀起了21世纪学术界关注和研究深度学习的浪潮。

（一）国外深度学习研究综述

深度学习被定义为"一个人能够在一种情况下掌握所学知识并将其应用于新情况的过程"。当学生学得很深时，他们就知道何时、如何以及为什么要运用自己的知识和技能。关于深度学习的许多理解都是从社会认知的角度出发的，这些观点突出了社会互动和工具在扩大认知和指导知识构建方面的作用。在广泛的分析研究中得出结论，学科知识的深度学习涉及认知能力、个人内部能力和个人外部交往能力。

深度学习是通过利用某一学科的资源、工具和话语实践进行技能迁移和意义形成的。[①]在深度学习过程中，学生在一门学科内进行交流、互动和写作，以构建、表达和应用知识。换言之，它是指那些创造、交流和使用的人所拥有的知识和能力的发挥。

深度学习的能力视角突出了学生可以通过有针对性的教学来发展的相关技能。如果学生要深入学习，就需要为他们设计充满批判性思维、对话行动、协作、反馈，以及对问题解决过程有所反思和学习的任务。

---

① Bogard T, Consalvo A L, and Worthy J. Teaching for Deep Learning in a Second Grade Literacy Classroom [J]. Journal of Language and Literacy Education, 2018, 14（1）: 1-26.

深度学习与表层学习不同，后者结合了死记硬背。短期学习策略主要针对外部动机行为，如成绩或者批评。表层学习者倾向于只阅读所需的内容，并依赖教师[1]，如关于考试成绩和完成作业的信息。阿瑟顿通过研究证明当学习材料缺乏与现实世界或个人相关的话题时，表层学习更有可能发生。然而，深度学习的特征是更本质、更有动机地学习，并使用学习策略，以促进理解和掌握材料。

深度学习指的是来自特定领域的认知进步，内容知识的深度学习依赖于事实知识的积累和保留，随后在与特定领域的概念交互中使用，以加深理解，从而满足概念性、抽象性和概括性思维。如果课程设计者和教师意识到深度学习的认知结构，深度学习发生的可能性就会更大。深度学习强调深入挖掘知识的内涵，探寻其中的意义与联系，将不同的思想进行延伸与整合。它涉及寻找知识中的模式和基本原则，将证据与结论相互关联，对论点进行审慎的评估，并以批判性的眼光积极地对课程内容产生浓厚的兴趣。

深度学习的名词概念在科技新闻或教育研究领域的热度都一直不减。[2]事实上，媒体科技中的视觉智能在我们的认知分类活动中均可使用深度学习和卷积神经网络。简而言之，深度学习的三大特征是：①有大量的机器学习统计技术。②能启用功能层次的自动学习。③通常基于人工神经网络。

深度学习可以执行无监督功能学习，与依赖经验、直觉和反复试验不同，无监督特征学习技术利用计算时间和大量数据来开发，主要表示数据的新方法，虽然最终目标是相同的，但实现目标的过程可能截然不同。尝试用深度学习来做自动化工程，在数据科学竞赛中脱颖而出的唯一途径是拥有更好的特征。

深度学习可以在没有人工干预的情况下学习这种有用的价值观组合。在讨论深度学习时，要具备通过挖掘数据揭示学习特征的能力，普遍使用的例子是

---

[1] Young M R. Reflection Fosters Deep Learning: The "Reflection Page & Relevant to You" Intervention [J]. Journal of Instructional Pedagogies, 2018, 20: 1-17.

[2] Dallin Akagi. Exploring Deep Learning & CNNs Deep Learning and Convolutional Neural Networks: RSIP Vision Blogs 2013 [EB/OL]. (2013-10-18) [2023-06-06]. https://www.rsipvision.com/exploring-deep-learning/.

手写数字的MNIST数据集。当获得数万个手写数字时，深度神经网络可以了解到，在尝试对数字进行分类时，查找循环和线条是有用的。

深度学习被定义为主动学习的过程，通过批判性思维将新思想整合到现有的认知结构中，整合所学知识与已知的知识使之相联系，并在概念之间建立新的联系。①为了促进深度学习，在学习的过程中，整个人都应该在认知、社交和情感上参与到学习过程中来。

利用反馈促进深度学习（using feedback to promote deep learning）是指教师可以使用几种工具来促进深度学习，例如使用概念地图、跨文化聊天、播客和在线异步讨论。教师对学习的影响是反馈。我们说这种反馈是通过教师和学生之间、同龄人之间的对话来实现的。反馈的目的是减少学生当前的理解或表现与学生的之前理解或表现之间的差异。

深度和有意义的学习是基于课堂和线上线下混合的学习。学习者都有自己独特的特点、特征、智力、情感和能力。因此，深度而有意义的学习也需要相当多的关心、准备、关注和努力。深度学习虽然看起来是一个更令人望而生畏的挑战，但它以灵活的自主学习为主要特征，也是一个高效率和高质量的学习路径。

2018年，希腊帕特拉斯大学和芬兰坦佩雷大学的学者提出深度有意义的学习。②2010年，欧盟委员会（European Commission）提出数字议程战略，鼓励将各级教育中所有科目的数字化学习纳入所有成员国国家主流的政策。采用技术增强型学习通常被认为是教育教学改革的成功关键因素。因此，2018年欧盟的数字教育行动计划优先考虑教与学的数字化转型，新技术及其应用的不断发展深刻影响了就业市场的变化和趋势，对教师的数字化教学能力也明确提出了专业发展要求。

在数字化学习环境中，另外一个经常被忽视的因素是学习者的情绪和动

---

① Renée M Filius, Renske A M de Kleijn, Sabine G Uijl, et al. Promoting Deep Learning Through Online Feedback in SPOCs Frontline Learning Research［J］. Frontline Learning Research, 2018, 6（2）: 92-113.

② Mystakidis S, Berki E, Valtanen J. The Patras Blended Strategy Model for Deep and Meaningful Learning in Quality Life-Long Distance Education［J］. The Electronic Journal of e-Learning, 2019, 17（2）: 66-78.

机。情感是与生俱来的学习要素，知识是与情感和感觉联系在一起的。由内部或外部因素引起的感觉和情绪状态既可促进学习，也可抑制学习。即使异步教学模式结合了同步的教师主导或同伴合作活动，学习者的孤独感也是一个内在的抑制因素。因此，深度学习既要有积极和具有挑战性的学习活动、协作解决问题的任务，也要有情感赋权来促进学习者有意义地学习。

深度学习是深入学习的结果。这种方法的特点是对一门学科固有的兴趣和积极的参与，以寻求掌握支撑原则并将其与先前的知识联系起来。它包括获得迁移知识、意义和元认知技能。深度学习与浅层学习截然相反，浅层学习是在没有反思的情况下定量增加知识。当学习是积极的、建设性的、有意的、真实的、合作的之时，有意义的学习就会发生。有意义的学习建立在教和学、学和学的相互联系的属性上。有意义的学习通常具备以下几个特点：

1. 主动学习：学习是一个主动的认知与心理过程。这个维度标志着学习者通过与内容和学习环境的互动，以及与主题的互动而积极参与，从而做出个人的认知贡献。

2. 自主建构：学习者通过对观察到的现象和行为结果进行解释和反思来不断地构建自己的意义。

3. 自主意向：学习者展示个人的主人翁精神、自主能力、自我导向，有意识地设定目标和情感上的主动。

4. 真实学习：有意义的学习需要与真实体验或模拟的现实情境相联系的任务，这样它们才能变得对个人有意义和可迁移。

5. 合作关系：人类学习是一个涉及学习者和教师的社会过程。小组协作和同龄人对话在知识建构的社区中很自然地发生。此外，积极投入、充满激情的教师对学习者的情感投入也有很大贡献。

线上线下混合学习研究将深度学习与积极学习、同行交流和协作，以及高水平的教学和社会参与联系起来。有意义的学习在于学习者与内容、教师和同龄人之间有意义的在线互动的质量与数量，有意义的互动能够使学习者进入最近发展区。这些互动应该围绕真实的开放式在线活动进行设计，这些活动需要复杂的知识建构任务，并有合作和反思的机会才能完成。

（二）国内深度学习研究综述

根据社会文化理论的观点，学习是通过话语互动来实现内化的过程，其中思维过程与社会和文化实践紧密相连,并以交谈作为沟通桥梁。为了推动学习的发展,我们需要深入探讨话语互动与高阶思维之间的联系,以及学习过程中心理间与心理内的相互关系。虽然多项研究显示,师生和生生间的交流对话能够有效提升学生的认知和学习成果,但也有研究发现,合作活动中的许多话语互动并不能显著促进学生的高阶思维和认知发展,从而难以有效促进学生的深度学习。仅仅为学生提供课堂话语互动的机会,并不能保证他们能充分利用合作和对话来取得良好的学习效果。尽管我国在深度学习方面的系统研究起步较晚,但与国外的研究相比,我国的"深度学习"教学改进项目对深度学习的理解更为全面,且更加注重实践性。

深度学习的特点可以概括为以下几点:①能够将新的观点和概念与已有的知识经验相结合;②能够将所学内容融入一个相互关联的概念体系中;③能够发现模式和潜在的原理;④能够评估新的观点,并探究其与结论之间的联系;⑤能够理解知识创造过程中的对话,并对论据的逻辑进行批判性审查;⑥能够反思自己的理解和学习进程。

深度学习强调建立新旧知识、概念、能力的关联;寻找学习模式与潜在原理;重在理解,旨在实现迁移,并关注学科内、跨学科、真实的复杂问题;主动地追寻与学习导向积极的情绪和态度。

深度学习着重突出"学习目标"的素养导向、"学习主题"的指导性、"学习任务/活动"的挑战性,以及"学习评价"的连贯性。它主张以大概念为引导,使教学内容更加结构化,根据学习的进阶性,将教学活动系列化、情境化,并注入挑战性。同时,让学习评价贯穿教学始终,从而创造一个开放的学习环境。

作为教学改进项目的一部分,我们需要引导教师善于通过教学反思和诊断来进行持续的教学改进,不断优化教学设计和教学过程,从而实现学生的深度学习,提升教学效果。在素养导向的学习目标的引领下,学生将聚焦于指导性的学习主题,展开具有挑战性的学习任务与活动。他们将掌握学科的基础知识和基本方法,领悟学科的基本思想,构建知识结构,理解和评价学习内容与过程。这能够使他们综合运用知识和方法创造性地解决问题,形成积极的内在学习动机、高级的社会性情感,以及正确的价值观。最终,学生将成为具备扎实学识基础、独立思考能力、合作精神、社会责任感、创新精神和实践能力的人，能够创造更美好的未来，并成为社会实践的主人。

深度学习倡导学生主动参与学习活动，亲身体验知识的发现、产生和发展过程，从而形成丰富的内心体验。它着眼于学科的基本思想和方法，为学生提供具有典型意义的例证和学习材料。深度学习还强调对教学内容的结构化，帮助学生全面把握知识的内在联系。同时，它为学生创设适当的真实情境活动，提供解决真实问题的机会，以促进知识的实践转化和综合应用。深度学习也关注正确的价值立场与价值判断，注重教学的价值取向，引导学生理解和反思所学习的内容与过程，进而形成积极的社会性情感、态度与责任感。

在课堂变革的视角下，深度学习以学科核心内容为线索，着重培养学生的高级思维和创造性解决问题的能力。对深度学习课堂变革的理解与研究必须与具体的学科相结合，使其成为连接学科本质和学生学习的桥梁。基于深度学习的教学设计与实施反映了具体学科的本质和学生学习的特点，体现了课堂变革的精髓。

深度学习的教学设计围绕学科内容（学习主题）、学生理解和学科教学（教学设计）这三个课堂教学的基本要素进行。学科教学活动的设计与组织以学科特定内容和对学生学习状况的分析与理解为基础，这也是连接学科内容与学生理解的桥梁和纽带。这三个要素各自包含多个基本特征，形成了一种复杂的动态关系。

深度学习的课堂变革正是基于对这三个要素及其关系的深刻理解与把握实现的。（见图3-1-1）

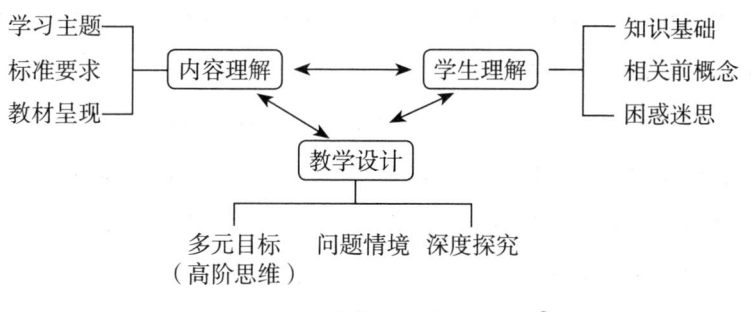

图3-1-1 深度学习教学设计思路[①]

---

① 马云鹏.深度学习视域下的课堂变革[J].全球教育展望，2018，47（10）：52-63.

二、知识结构情境化

就知识学习与掌握而言，教师共同关注的知识的产生和发展过程不但是知识意义生成的过程，也是一种科学方法的运用和操作过程，而且还能体现热情、动力、意义等主观努力的因素。人的学习可以有多个不同性质的目标和动机，无论是外在的还是内在的，具有外在因素的学习目标可使学习受到外部激励，比如考试或物质奖励。外在动机与浅层学习、焦虑和辍学相关。学习者的动机和目标是由学习实践本身驱动的，内在动机与深度学习、高绩效和学习韧性相关。

（一）知识结构化

将知识进行有效的结构化，是促进学生素养发展的关键步骤。教师须密切注意学生知识结构的整合程度，因为知识结构的系统化水平在很大程度上决定了知识能否顺利转化为学生的个人素养，以及这些素养能否进一步提升到更高层次。因此，教师应致力于帮助学生构建条理清晰、相互关联的知识网络。

提高学生知识结构化水平的策略：

为了让学生从知识的"近联系"走向"远联系"、从知识的"表层联系"走向"内核联系"，建构起良好结构的知识体系，提高知识结构化水平，可遵循以下几个有效策略。

（1）根据知识之间的逻辑关系建构知识关联网。要提升学生的知识结构化水平，就要让学生以逻辑思维去抓住知识之间的各种"亲缘关系"，找到有价值的联系线索，建构具有良好结构的知识体系。知识结构化就是厘清知识之间的联系，并将有价值的联系呈现出来。具体到某个知识点的学习，寻找联系的过程实际上就是加深理解的过程。

（2）根据知识的实践认识需求建构知识应用网。学科知识应用是指学生利用所学的学科知识，对外部世界所发生的事件进行个人的理解和诠释，探寻解决外部世界问题的方法。其本质上是将已储存的知识进行对外输出与应用，体现了学生的能力水平。这涉及知识的实践应用层面，是一种融合了心智与技能的综合操作能力。

为了提高学生的知识应用能力，把握认识角度，多运用认识思路建构"知识应用网"与"知识关联网"，前者对提升学生的知识结构化水平更加重要。简言之，只要具备了"认识世界的角度和认识思路"，就有了"认识世界的能力"。在教学中，教师应注重引导学生将知识与不同的认知角度和思考路径相结合，将学科思维、方法与知识内容紧密相连，从而构建一个完善的知识应用网络。

（3）根据知识应用价值意义去建构知识意义网。知识价值意义可以理解为某一事物对另一事物所产生的价值、影响或重要性。在知识教学的过程中，其核心任务在于促进知识意义的全面产生与发展。

在知识结构化学习过程中，要重视知识之间存在的联系，教师需要在教学中将知识之间的联系脉络呈现出来。除了要关注已知与已知的联系、已知与新知的联系，更要让新旧知识形成结构良好的体系，目的是要以良好的结构化知识体系作为土壤，从而产生已知与未知的联系，发挥知识的迁移和创新功能。

（二）考查学生知识结构化水平的策略

教师可以从影响学生知识结构化水平的因素中去探寻考查学生知识结构化水平的有效策略。

1. 从知识联系的广度去考查学生知识结构化水平

从知识之间的广泛关联性来看，实现知识结构化就是要在不同的知识点之间建立联系。构建的知识体系中涵盖的内容越丰富，知识点之间的关联范围越广泛，就越有助于拓展知识的迁移和应用空间。因此，教师可以通过评估知识间的联系广度来衡量学生的知识结构化水平。

2. 从知识联系的深度去考查学生知识结构化水平

从知识内在结构角度来分析，考查学生是否将外在符号性知识与内在的思维方法、核心的价值意义联系起来，这是从知识联系的深度去考查学生的知识结构化水平。任何知识都是由符号表征、思维方法和价值意义三部分组成的，这是知识的内在结构，也是知识的整体系统。

3. 从知识联系的良好程度去考查学生知识结构化水平

学生个体的知识联系水平是有差异的，在教学中可以从空间关系、逻辑关系、知识发展的递进关系等切入考查学生所获得知识体系的良好程度。学生个体形成的知识体系梳理得越清晰，对应联系的程度就会越好，也越有利于对知识的巩固和理解、检索和应用，以及知识的生长和迁移。

教师重视学生知识结构化的核心目的在于优化学生的学科认知结构，加深学生对学科知识的理解与记忆，提高学生检索和应用知识的能力，进而增强学生迁移学科知识的技能，这样的教学方法能够赋予学生所学的学科知识以长久的生命力。

（三）探究教学对深度学习的影响

1. 探究式教学

英国学者巴恩斯在20世纪70年代首次提出了探究式交谈的概念。通过对课堂交流方式的深入研究，巴恩斯明确区分了讲解式交谈和探究式交谈两种模式。在讲解式交谈中，说话者主要关注的是如何通过调整语言、内容和表达方式，来更好地满足听众的需求。然而，这种交谈方式往往只提供了最终成果的展示和评价，导致学生难以对概念产生深入的理解。

探究式交谈是一种重要的课堂话语互动形式，是伙伴间的互动活动，为共同思考提供说明和建议，试图通过话语互动追求更加理智的话语。课堂话语分析可以通过实证分析追踪实时发生的话语互动和学习过程，追踪参与者是如何将自己的推理建立在他人的推理之上的。[①]推理逻辑在孩子眼中是因为与所以的关系；在成人眼中是真与假的关系；在哲学看来是辩证关系。

逻辑学家在人类有限的认知领域里做了最简洁、准确的陈述：推理的四个步骤是抽象、概括、判断、推理；推理的两个种类是归纳推理和演绎推理。它们既互相独立又互相依赖。

2. 主题意义探究教学

深度学习是通过主题意义探究活动开展学习，聚焦主题和育人目标，通过创设情境去构建和实施探究任务，促进"教—学—评"的一致性。其操作方法是：以某个主题为引领，以具体语篇为依托，创设有育人价值的目标和问题情境，建构探究任务，开展主题意义探究活动，通过调动学生的具身认知和协同分布式认知，实现"教—学—评"一体化。

主题意义探究学习纳入英语深度学习，可将多模态教学资源和教学设计方法用于促进指向价值观念的英语深度教学，从而促进学生的深度学习。首先，基于主题意义探究的教学针对主题意义可锚定具体的价值观念，从而使探究活动路径具备连通性特征，设计多模态资源助力英语单元主题意义探究教学，提

[①] 张光陆. 探究式交谈对学生深度学习的影响：基于课堂话语分析［J］. 全球教育展望，2021，50（5）：3-14.

炼价值观念，促进理解和降低认知负荷，从而改善迁移学习和记忆的表现。其次，聚焦"双减"，要掌握好创设深度学习所需的三种多模态的学习情境，即多模态融合情境、跨通道学习情境、共享表征学习的情境。[①]英语教学要从重视语言知识积累转向重视有思想的表达，通过减少知识的记忆量，提高学生英语学习的思维品质。最后，要构建指向价值观念培养深度学习的英语多模态教学范式，发展学生的核心素养。在自主学习、协同学习、迁移创新学习等策略方面发挥跨学科协同育人的功能。

主题意义探究路径优化可采用Stripling探究教学模式，其实施步骤为：①连接已有知识、经验；②疑问，带着好奇心提出问题；③调查评价信息，检验假设；④建构理解新旧知识，得出结论；⑤表达、分享理解，运用新理解；⑥反思学习效果，提出新问题（见图3-1-2）。

主题意义探究活动作业设计可采用探究的批判性思维框架（KWHL），从学生已知、想知、如何知道、揭秘发现（students know→want to know→how to know→learned），去探讨人与社会的主题意义、人与自然科学奥秘的关系，为英语教师实施英语主题意义探究教学提供有效参考。

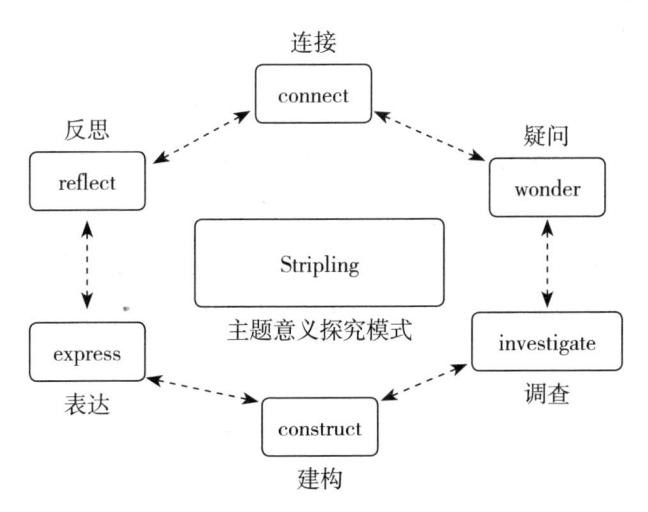

图3-1-2 Stripling主题意义探究教学模式

[①] Jiquan Ngiam, Aditya Khosla, Mingyu Kim, et al. Multimodal Deep Learning [C] // Proceedings of the 28th International Conference on Machine Learning（ICML-11），2011：689-696.

三、知识结构化作业案例剖析

批判性思维框架（KWHL图表）可用于让学生反思他们所学的内容，形成一种策略。当教师开始一项研究时，可以完成前三栏：我们知道什么，我们想知道什么以及我们如何找到答案。完成研究后，学生返回并填写最后一栏"我们学到了什么"（见表3-1-1）。

表3-1-1　探究主题：蜜蜂（Bees）

已知什么? Know	想要什么? Want	如何发现? How to find out?	学到了什么? What I Learned?
1. Bees make honey. 2. Bees live in hives. 3. Bees have wings. 4. Bees fly. 5. Bees sting.	1. How do bees make honey? 2. Why do they fly from the flower to flower? 3. How do bees take care of their babies? 4. How long do they live?	1. Internet search. 2. Library books. 3. Encyclopedia.	1. Bees dance to communicate. 2. Bees get nectar and pollen from flowers. 3. They use it to make honey in the hive. 4. Bees have different jobs. There is one queen bee, many worker bees, and some drones. 5. Worker bees care for the babies. 6. We need bees to pollinate plants so that we have food. 7. Queen bees can live up to 6 years. 8. Worker bees live about 6 months. 9. Drones live about 8 weeks.

这项活动可以帮助学生阐明他们学到的东西。如有关蜜蜂的探究性学习（KWHL）作业的设计[①]，类似于Web Quest，它的一个重要的步骤是学生反思：一是思考和表达他们的学习和经验是知识建构的重要一步；二是反思能帮助学生与先前的知识建立联系，并为他们需要或想要学习的内容设定目标。

[①] Capaldo C. The KWHL Chart Standard 1—Facilitate and Inspire Student Learning and Creativity ［EB/OL］.（2009-06-30）［2023-06-10］. http：//sisltportfolio.missouri.edu/cgcybf/artifacts/bees_kwhl.jpg.

第二节 具身认知与分布式认知理解

从古希腊时代开始,身体在教育和学习过程中往往被轻视或忽略。教育和学习的成效被看作"脖颈"以上的事情,与"脖颈"以下的身体无关。在这种传统教育模式下,身体被视为追求真理的绊脚石,或者仅仅是一个将心智带入课堂的"工具"或"容器"。学习被看作一种可以脱离身体的精神锻炼。然而,具身认知(embodied cognition)的理念对这种教育观念提出了挑战。它认为心智是建立在身体上的,源自身体。具身认知的核心观点在于:认知、思维、记忆、学习、情感和态度等都是由身体与环境互动所塑造的。换句话说,心智其实是一种身体经验,而身体的物理体验则决定了心智活动的特点和性质。具身认知的理念对基于身心二元论的教育和教学观念构成了挑战。

一、具身认知

具身认知理论强调了学习环境的设置对个体在认知过程中的身心投入有着重大影响,这种影响会进一步塑造个体的认知发展。由于心智是根植于人的身体中的,而身体又是深深地嵌入人所处的环境中,因此,认知与身体、身体与环境都是紧密相连的。

(一)具身认知能够融合个体与群体的经验

具身认知理论也提醒我们,个体从外界获取知识的过程并非完全脱离身体,而仅仅在思维层面进行。以具身认知为出发点的教学,应重新审视并处理好个体经验与群体经验的关系,将教学重点从单一地传授群体经验,转向帮助学习者在个体经验和群体经验之间建立一种有效的协同和连接。

所有的教学活动和环境设计都应该以每个学习者为中心,高效而独立地展开,旨在减轻心智推理的负担,同时强化身体在学习过程中的作用。我们应该摒弃将"身体感知"与"心智推理"视为两个独立循环的过时观念,让学习环境的设计能够同时作用于身心,达到"身心合一"与"知行合一"的理想状态。

(二)持久并有效地利用外部知识和经验

传统观点认为只有当学习者能够充分掌控自己的身体,并排除身体的干扰,达到"专心致志"的状态时,他们的认知效率才能达到最大化。现代标准化课堂的组织形式正是这种理念的具体体现:学生需要端坐静听,不能交头接耳,不能随意说话,也不能有"小动作"。

然而,研究结果显示,放宽对身体活动的限制并不会降低个体认知形成的效率,反而在帮助理解许多概念时起到了积极的作用。通过镜像神经元的作用和预测性编码机制,学习者能够更好地理解和内化那些原本陌生的、抽象的、属于他人的概念,并将这些概念与自身的经验迅速融合为一个整体。

只有那些符合个体身体状况、与个体亲身参与的经验紧密相关的外部知识,才能被个体长期并有效地利用。相反,那些脱离了个体身体状况和亲身经验的知识往往会被遗忘,以减轻个体的身心负担,这是人类作为一种生物所具有的成熟的自我保护机制。对整体知识库进行全面无差别的备份,不仅无助于个体在需要时快速调用知识,反而可能会因为产生过多的冗余信息而降低个体调用知识的效率。简而言之,从具身认知的角度来看,未来的教学方式必须从全面详尽的要素列举式转向关注关键要素的生成式。

二、分布式认知

分布式认知(distributed cognition)理论借鉴认知科学、人类学、文化心理学、社会学、计算机科学等学科对认知的相关研究,通过对自然工作场景中认知现象的研究提出新的人类认知的图景。[①] 分布式认知理论认为,人类的知识和认知并不是限定于个体中,相反是分布于个体、他人、人工制品以及环境之中;认知活动不仅仅依赖于认知主体,还涉及其他认知个体、认知对象、认知

---

① 蒲倩.分布式认知理论与实践研究[D].上海:华东师范大学,2011.

工具、认知环境等因素。①分布式认知理论作为现代学习理论成为变革学习的重要理论支撑，对改变传统的教育与学习正发挥着重要作用。

（一）分布式认知助力教师迎接教学挑战

人们在学习或工作中的某些任务通常要由团队解决，而不是由个人解决，即使个人在任务的各个方面都非常熟练，比如该任务是进行外科手术，也还需要几个具有互补知识和技能领域的个人的投入，这类任务可称为"分布式认知的任务"。教孩子或学生阅读也是面临类似的任务，教孩子阅读需要分布式认知，因为要做到这一点，教师需要掌握大量关于语言、教育学、儿童发展和识字能力发展的知识。②我们需要用专业的学习社区取代个人经验的学徒制传授，以促进每一位新手教师的发展。

（二）分布式认知助力教师探秘学习认知负荷的新视角

"五育"并举、落实"双减"，提高义务教育质量是当下义务教育阶段学校和教师的主要任务。要减轻学生过重的课业负担，与其关注学生每天的作业量，不如聚焦学生每天完成作业所承担的认知负荷。认知负荷理论在教育心理学领域已产生重大影响，其主要指导原则是要减少无关的认知负荷，以便能为实际的学习留下足够的认知资源。

近年来，数字化在线学习领域的研究质疑原有假设，其中交互式学习媒体、沉浸感受、不流畅性、真实感和信息冗余这五大要素成为主要挑战。尽管这些要素可能引发与学习任务不直接相关的认知负担，但它们仍能有效增强学习动机和学习效果。不过，当前我们尚缺乏一个统一的方法，将这些影响因素融入认知负荷理论，以构建一个能平衡数字化学习认知负荷的策略。此策略的核心目标是促进深度学习，从而达到特定的学习效果。

尽管制定与期望学习成果相符的认知负荷策略，能够为我们提供理论指导并验证假设，但对于实践者而言，更重要的是如何利用新技术，将可能存在的

---

① Snow C E. The Unavoidable Need for Distributed Cognition in Teaching Literacy [J]. South African Journal of Childhood Education, 2011, 1 (2): 1-10.

② Catherine E. Snow The unavoidable need for distributed cognition in teaching literacy South African Journal of Childhood Education [J].South African Journal of Childhood Education, 2011, 1 (2): 1-10.

外部干扰降到最低,从而提升学习效果。

(三)自适应学习技术个性化学习的新应用

自适应学习技术(Adaptive Learning Technologies,ALT)和学习分析技术(Learning Analytics Technologies,LAT)有望通过不断衡量学生的技能和能力水平来校准和调整学生的学习活动,从而为学生个性化学习作出贡献。[1]挪威有一项针对5~7年级(10~12岁)学生进行数字化学习的跟踪研究。该研究项目针对研究问题:系统地使用适应性学习技术如何影响小学生的学习和动机?在这项小规模的混合方法研究(small-scale,Mixed Methods Research,MMR)中,启动并引入了自适应技术,利用课余时间进行其他学科的训练,从而腾出时间在学校进行实用英语练习的深入学习。

对干预前后小学生的能力、学习动机和基本心理需求水平进行量化测评,并对干预效果进行了定性观察。研究的总体目的是全面了解自适应学习技术系统的实施如何影响学生的学习。挪威的教育研究结果表明,学习、动机和题量训练之间存在着相互交织的关系,教师在使用自适应学习技术时应该意识到这一点,特别是当小学生学习新的概念时,要引起足够的重视。

---

[1] Moltudal Synnøve, Høydal Kjetil, Krumsvik Rune Johan. Glimpses into Real-Life Introduction of Adaptive Learning Technology: A Mixed Methods Research Approach to Personalised Pupil Learning Designs for Learning [J]. Stockholm: Stockholm University Press, 2020, 12(1): 13-28.

第三节　情境迁移与自适应学习技术

情境是交互作用的产物，交互作用和流动性是情境的本质属性。[①]学习离不开情境，学习效果也会受到学习情境的制约。只有深度学习中的人才能有效创设连续性的情境，而且学习中的人还能创设连续性的情境。由于情境具有可流动性和连续性，因此情境是可以迁移的。指向大观念的情境迁移需要学习任务驱动，任务驱动需要基于情境迁移去整合教学内容，实施深度学习发展学生的核心素养。

一、情境认知理论支持多维度整合的学习

情境认知理论强调，知识并非孤立存在，而是个体基于自身经验在与环境的交互中构建意义的产物。学习不再是一个单向的、线性的过程，而是在具体的、富有意义的情境中，通过与情境的交互来创造和理解知识的过程。这种观点凸显了一种全面、多角度融合的学习模式。

（一）基于情境认知的多维度整合学习

德洛克对学习过程的阐述涵盖了四个层面的整合：第一，从具体事实到抽象概念，再到事物间的关系，最后形成完整的知识结构；第二，从具体事实出发，掌握方法，进而理解学科的方法论，最终洞察学科的本质；第三，从简单的知识了解到深入理解，再到实际应用，最终实现知识的综合运用；第四，从知识的有限迁移到中等程度的迁移，再到全面、自如的知识迁移。

[①] 于泽元，那明明. 情境化学习：内涵、价值及实施［J］. 华东师范大学学报（教育科学版），2023（1）：89-97.

基于这四个维度，教师可以构建出如图3-3-1所示的学科核心素养的发展模型。学生在学习过程中，通过接触和体验各种真实情境，不断将学科知识和技能结构化，逐渐形成独特的学科思维方式、探究方法和价值观念。这些素养在面对和解决各种复杂、开放性的新问题时，会不断得到整合和提升。当学生能够灵活地整合已有的结构化知识和技能，运用学科思维和观念进行严谨的探究活动，创新性地解决或应对各种复杂的现实问题时，便展现出了高层次的素养。

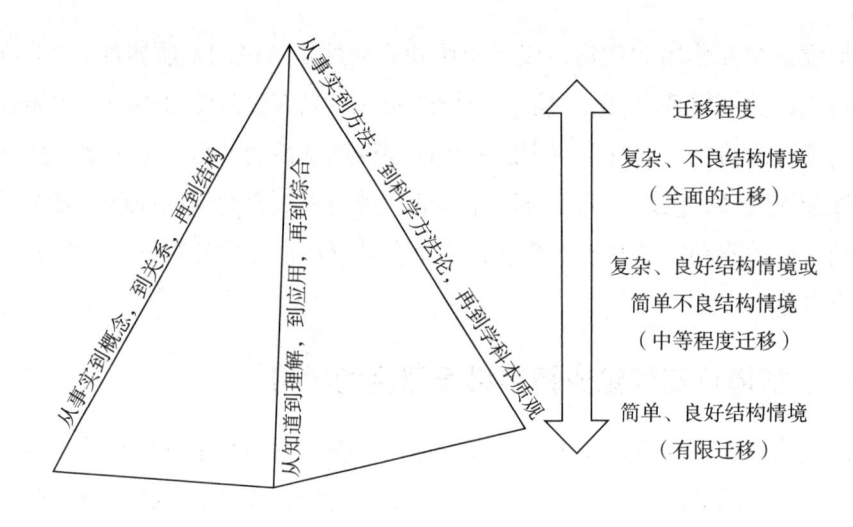

图3-3-1　学科核心素养的发展模型[①]

（二）英语学科能力表现指标体系

英语学科能力，指的是学习者在应对英语学科相关问题时展现出的一种稳定且全面的能力，它包含多个可以观察、测试和强化的核心能力要点。这种能力是确保学生能够顺利进行英语学科学习和问题解决所必需的心理特质。

英语学科能力主要由三个核心维度组成：核心能力、核心内容和核心活动。这三个维度相互交织、相互依赖，共同形成了一个多维度的英语学科能力评估模型。

在英语学科能力的评估框架中，我们确定了三个主要的能力领域和九个

[①] 杨向东.指向学科核心素养的考试命题[J].全球教育展望，2018，47（10）：39-51.

具体的能力子项。首先，学习理解能力是基础，它包括对外界信息的感知和注意、对知识的记忆和检索，以及对信息的提炼和概括。其次，应用实践能力则是将所学应用于实际，这包括对知识的描述和解释、对情况的分析和判断，以及对信息的整合和运用。最后，迁移创新能力体现了学生的高级思维能力，它涉及逻辑推理和论证、创造性想象，以及对信息的批判和评价。

英语学科核心能力要素的内涵及具体表现指标见表3-3-1。

表3-3-1 英语学科核心能力要素内涵及表现指标

能力要素		内涵及表现指标
A：学习理解能力	A1：感知注意	学习者能够有目的地、有计划性地聚焦于英语语言中的语音、词法、句法等核心知识和现象，以及深入洞察其背后的本质规律
	A2：记忆检索	在亲临即时性情境时，学习者能够迅速关联并检索出长期记忆中存储的英语语言知识
	A3：提取概括	学习者不仅能通过辨识词语和句子的意义，捕捉到英语所传递的关键信息，还能在特定范围内精准定位到所需的信息点；同时，他们还能在观察和分析英语语言现象的基础上，有效地归纳和总结出信息或语言的内在规律
B：应用实践能力	B1：描述阐释	学习者能够运用英语对图表、步骤流程或各种主题（例如个人生活、职业等）进行详细的描述或叙述。同时，他们还能够用英语清楚地解释词汇、句子和图表的含义及其背后的意图
	B2：分析判断	学习者可以根据提供的语言材料，用英语分析并解释句子之间、事件之间的因果关系。此外，他们还能够综合不同的信息源，形成自己的独立判断，例如，通过文章的标题、插图等来推测文章的主要内容，或根据已有信息推断人物之间的关系、事件的发展过程以及作者的情感态度，并能用英语准确表达这些分析判断
	B3：整合运用	学习者能够根据语言材料中的语境、文章结构、逻辑关系等元素，用英语有条理地组织、合并和编排信息。他们能够从大量零散的信息中找出内在的联系，并巧妙运用各种整合技巧（例如在写作中运用恰当的过渡语、合理的篇章布局等）来综合使用语言，从而达到清晰、连贯的表达效果

续表

能力要素		内涵及表现指标
C：迁移创新能力	C1：推理论证	学习者具有出色的信息整合能力，他们能够从语言材料中提炼出线索、逻辑关系和因果关系等元素，并据此推导出未知的信息。同时，学习者还能够以事实和道理为依据，用英语清晰、有条理地说明、解释和论证自己的观点，这充分展现了他们严谨的思维能力和用英语进行复杂逻辑推理的能力。通过这种推理和论证过程，学习者能够得出既合乎逻辑又符合客观规律的结论
	C2：创造想象	基于已有的信息，学习者能够自由发挥想象力，构思出多姿多彩、富有新意的点子。例如，他们可以创编对话内容，提出别出心裁的解决方案，或者为开放式的故事续写独特而富有创意的结局
	C3：批判评价	学习者已经具备了进行批判性思维的能力，他们能够利用有力的证据来展开论证，并对事物进行客观的评价。在此过程中，他们能够提出具有说服力的个人见解。这种能力不仅仅体现了学习者的认知水平和情感态度，还展现了他们的道德观念和判断力，是多种心智能力、思维机制和综合素质的完美结合与体现

二、自适应学习技术

使用自适应技术被认为是一个新元素，可以有意识地改善教学和学习，但也可能影响已创建的学习环境和不可预见的方式。在解决复杂问题方面，混合方法研究的着力点在于其处理多样性和分歧的能力。与以往关于数字工具的教育使用和技术增强学习的研究基本一致，假设学习技术的成功实施是一种相互影响，包括但不限于：①学习技术的内在优势和劣势，以及所使用的具体技术；②教师促进学习的能力和意愿；③学生的学习动机。

在研究中，这三个方面的实际操作通过以下概念得以具体化：课堂管理（CM）、自我决定理论（SDT）和自适应学习技术（ALT）（见图3-3-2）。

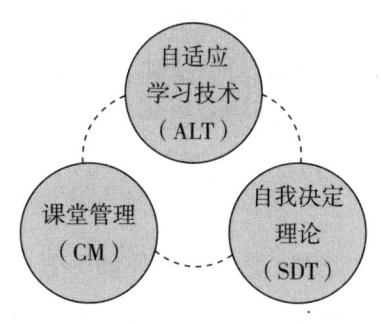

图3-3-2　自适应学习技术（ALT）、课堂管理（CM）和
自我决定理论（SDT）之间的相互作用①

一些研究表明，教师对学生的假设影响了他们对课堂管理的判断和实践，并且教师倾向于关注规则的制定、执行。课堂管理的核心被认为是促进学习、保持或增强积极动机以及创造和维持最佳学习环境（见图3-3-3）。

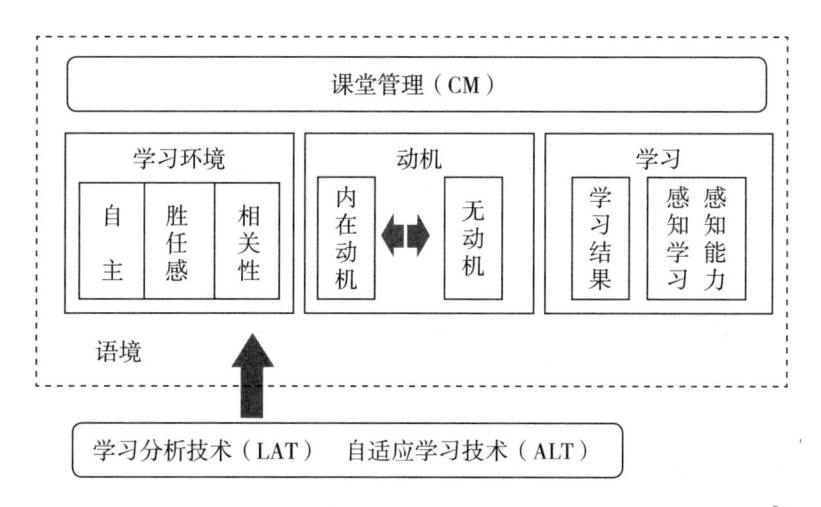

图3-3-3　学习分析技术（LAT）与自适应学习技术（ALT）的概念框架②

---

① Moltudal Synnøve, Høydal Kjetil, Krumsvik Rune Johan. Glimpses into Real-Life Introduction of Adaptive Learning Technology: A Mixed Methods Research Approach to Personalised Pupil Learning Designs for Learning [J]. Stockholm: Stockholm University Press, 2020, 12 (1): 13-28.
② Moltudal Synnøve, Høydal Kjetil, Krumsvik Rune Johan. Glimpses into Real-Life Introduction of Adaptive Learning Technology: A Mixed Methods Research Approach to Personalised Pupil Learning Designs for Learning [J]. Stockholm: Stockholm University Press, 2020, 12 (1): 13-28.

学习分析技术和自适应技术的内在动机是：为了其内在的满足而不是为了某种外部或可分离的需求结果而进行的活动，是指执行一项任务或一项活动，因为人们发现它本身是令人愉快的或有趣的。内在动机与高质量的学习和创造力有关，被认为是成就和学习的自然源泉，可以被父母和教师的实践催化或破坏。

其外在动机是：为了奖励或其他某种外部可分离需求的结果而进行的活动，似乎是一个更复杂和模棱两可的术语。该理论认为所有行为都是由某种奖励所激发的，因此与内在动机的存在相矛盾。

自我决定理论在"人类动机分类法"中的模型显示了不同类型的外在动机在内在动机和无动机的对比概念之间的连续统一体上，表明一些外在动机与内在动机有关。

学习分析技术和自适应学习技术：迫切需要审查传统理论在多大程度上适用于ICT（信息通信艺术）注入的学习环境。我们发现相对较少的研究将自适应学习技术与家庭作业作为干预的一部分并遵循教师的日常实践。然而，罗切尔、墨菲和马森等研究了2850名使用自适应学习软件和家庭作业作为干预的数学学生，发现与继续进行现有家庭作业练习的对照组相比，学生在年终标准化数学评估中的分数有所提高。

学习分析技术注重适应性学习，通过跟踪和分析学生的学习活动来理解和优化不同学习环境和情境中的学习成果。学习分析技术反馈可用于两种方式：一是提高个人和团队在价值创造过程中自我调节信息和数据流动的个人学习能力；二是更准确地回应他人的学习需求。不同的自适应学习技术具有不同的品质，会对学生和教师以及他们之间的互动产生不同的影响。

在学习分析技术与自适应学习技术应用研究中，自适应学习技术可以部分自动化或支持教师设计学生活动、布置促进技能发展和能力提升的任务，并根据他们的需要为他们提供单独定制的任务和活动。本章节旨在理解小学教育深度学习时系统地引入自适应学习技术的现实教学挑战和影响。

图3-3-4中的第一级为活动和程序反馈循环。这是程序从数据库中选择任务和活动的自动化过程，在任何给定时间暂时适应学生的能力水平。方框说明学生和/或教师可见的步骤（过程）。研究DBR/MMR设计（包括教师参与）有如下四个阶段：

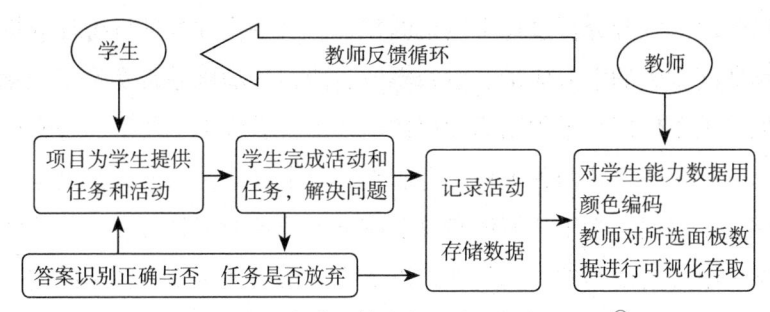

图3-3-4 自适应学习技术应用的可视化循环图[1]

第一阶段：进行研究设计，为干预措施做准备。该研究的设计时间为四个月。相关的学校领导和教师已经开始为新的课程改革"Fagfornyelsen"做准备，例如强调学科内和跨学科的深度学习。由于时间在学校通常是有限的资源，教师希望找到好的解决方案，以确保深度学习过程的时间，同时为学生提供基本的数学知识。因此，该研究旨在启动、评估和调整学校现有的案例。实践中期望改变的第一步：通过使用自适应学习技术有效简化学习内容，并实现基本数学理解的个性化，为实用英语和英语深度学习腾出时间。

第二阶段和第三阶段：干预期间的观察。在前两周，通过参与实地考察（5天）和课堂观察，对干预进行了定性观察。事先对调查和英语测试的数据进行了初步分析，形成了对学生起点的认识。目的是了解教师如何在他们的实践中实施干预以及学生如何反应。由于我们对高年级学生如何使用自适应学习技术（在学习分析技术系统内）知之甚少，学生的观点被认为是重要的认识论贡献。

学生访谈将从学生的角度表达学生的意见，并通过他们的推理理解自适应学习技术如何影响他们的学习和动机。学生访谈以焦点小组访谈的形式进行。每个参与班级的三名学生被问及有关学习、学习环境、一般技术的使用和具体的自适应技术使用的问题。为了更好地了解学生的生活世界，平衡与研究访谈相关的权利不对称，并避免访谈的治疗转向（符合知情同意），小组访谈优于个人访谈。

---

[1] Moltudal Synnøve, Høydal Kjetil, Krumsvik Rune Johan. Glimpses into Real-Life Introduction of Adaptive Learning Technology: A Mixed Methods Research Approach to Personalised Pupil Learning Designs for Learning [J]. Stockholm: Stockholm University Press, 2020, 12（1）: 13-28.

第四阶段：混合分析过程中结果的整合。对量化数据进行统计分析，比较探究干预期间学生的学习成果、感知学习、能力和动机是否发生了变化。定性分析提供了关于他们在干预期间如何体验使用自适应学习技术的补充信息（由学生自己表达）。将这两种观点结合起来有两个目的：一是为案例学校的专业教师提供关于他们的学生如何体验自适应学习技术的多种观点，从而使他们能够提高学生学习的便利性；二是通过以下方式为自适应学习技术的进一步研究做出贡献，并为进一步研究提供一些理论指导（见图3-3-5）。

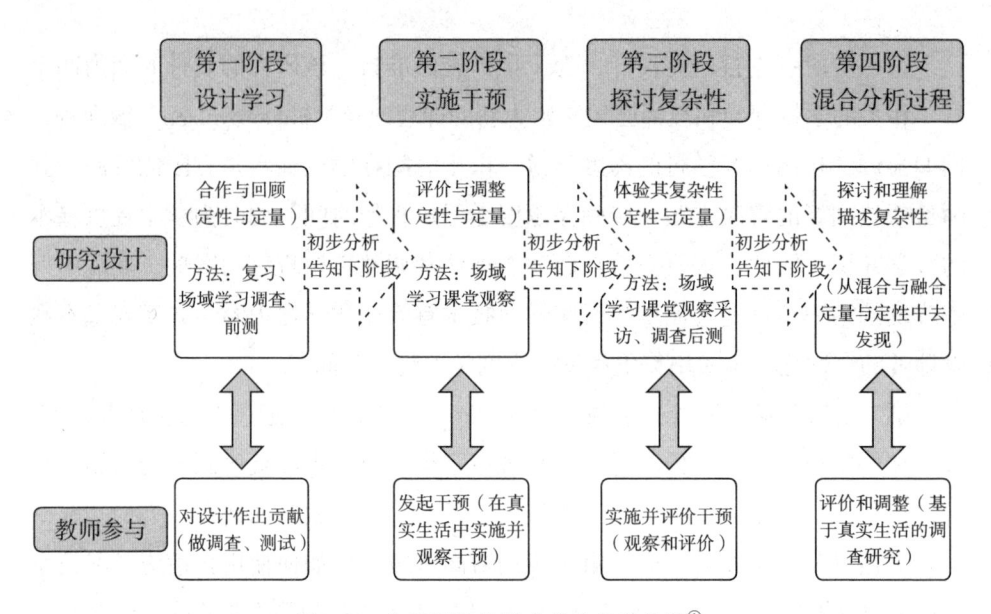

图3-3-5 为干预措施做准备的教学设计①

通过定量和定性分析可得出结论：使用学习自适应技术可以帮助简化题量训练和求根方法练习，从而腾出时间进行实用数学以及英语等其他学科的深度学习。学习自适应技术可以在不同的课堂实践中以平均水平促进学生学习成果水平的提升。自适应学习技术还可以通过提供多样化和定制的学习活动和任务来激励学生。

---

① Moltudal Synnøve, Høydal Kjetil, Krumsvik Rune Johan. Glimpses into Real-Life Introduction of Adaptive Learning Technology: A Mixed Methods Research Approach to Personalised Pupil Learning Designs for Learning [J]. Stockholm: Stockholm University Press, 2020, 12（1）: 13-28.

在教学干预期间，分析有关电子版家庭作业和课堂实践相结合的学生访谈，通过表3-3-2能直观地呈现学生是否认为自适应学习技术类型家庭作业在课堂练习中的整合有效，结果发现看法不一。虽然教师对参与深度学习的积极性和积极的学生有着共同的愿景，但这些愿景是通过课堂上的不同实践来实现的。因此，在实地考察和课堂观察中，研究人员的目标是要了解自适应学习技术的逻辑如何与每个课堂和每个学习环境中的主要学习实践相对应。

表3-3-2 使用自适应技术是家庭作业与课堂实践的整合

编码	五年级	六年级	七年级
碎片化和编码	经常重叠和同时出现的代码	少许重叠和同时出现的代码	少许重叠和同时出现的代码
受到干预的课堂实践	如有需要可获得师生帮助，完成小组或个体作业	如有需要可获得师生帮助，完成小组或个体作业	如有需要可获得教师帮助，完成个体作业
受到干预的家庭作业	电子文档作业被认为是负面的	电子文档作业被认为是积极的	电子文档作业被认为是积极的
课堂实践和家庭作业之间的干预经历	被描述为两种不连贯的实践	家庭作业被描述为课堂实践的延伸	家庭作业被描述为课堂实践的延伸

第四节　项目化学习与"教—学—评"一体化

在课程教学改革中，《义务教育课程方案（2022年版）》的课程教学指导基本原则明确指出："综合课程建设"和"真实情境中综合运用知识"需要项目化教学具体落实，一是开展跨学科主题教学，强化课程协同育人功能，二是加强综合课程建设，注重培养学生在真实情境中综合运用知识解决问题的能力。[1]

一、项目化学习

项目化学习以学生为中心，着重解决真实世界的问题，通过深度学习和个性化发展相结合的方式，推动学生的学习进程。它以驱动性问题作为切入点，有效地将校内学习与校外生活实践相联系，鼓励学生进行持续性的探索和研究。在这种无边界的学习环境中，学生得以从书本知识的局限中解脱出来，进行深入的研究和学习，从而实现其个性的全面发展。项目化学习课程的育人目标是：掌握扎实的科学知识，掌握科研和工程的基本方法，具有较强科学精神、学习能力、实践能力。项目化学习的实施可以通过以下四个维度来构建路径：一是学科项目化学习，即将学科知识融入实际项目中，让学生在实践中掌握和运用知识；二是德育实践活动项目化学习，通过德育实践活动的设计与实施，培养学生的道德品质和社会责任感；三是STEM跨学科项目化学习，这种学习模式融合了科学、技术、工程和数学等多个学科领域，旨在培养学生的综合素养和创新能力；四是人文主题项目化学习，以人文主题为核心，通过项目化的学习方式，深化学生对人文精神的理解和体验。这四个维度共同构成了项目

---

[1] 中华人民共和国教育部.义务教育课程方案（2022年版）[S].北京：北京师范大学出版社，2022：4-5.

化学习的全面实施路径。

以课程育人目标和课程发展目标为引领，教师要发挥课程领导力。过程创生、评价促优，教师要研究课程，开发课程，实施课程，发展课程；学生通过学习、实践、研究、交流、创造和表达，提升学习能力。项目化学习课程的实施，结合大的学段制定小的学程；项目学习的指导采取校内导师与校外专家双导师制；项目化学习场域采取校内专用室与社会实践场域相结合。学生从学习经历中认知、重构、实践到迁移。

（一）主题式项目化教学

从坚持目标导向视角分析，主题式项目化学习可把社会主义先进文化、革命文化、中华优秀传统文化、国家安全、生命安全与健康等主题纳入项目化教学内容之中。要深化课程内容与学生实际经验、社会现实生活的联系，进一步加强学科内部知识的有机融合，全面规划并设计综合性课程和跨学科的主题学习活动。

主题式项目化教学既要突出学生的主体地位，也要关注学生的个性化、多样化学习需求和发展需求，教学成果的时代性最终也要体现或反映经济社会发展新变化、科学技术进步新成果。

（二）单元视角的项目化学习策略

从单元角度出发的英语项目化学习，是立足于英语单元的学习内容，将多个相关单元的知识与技能进行有机结合。它围绕学科的核心原理，采用小组合作的学习模式，针对真实且具有挑战性的问题进行深入探索，旨在实现知识的重新构建和思维的迁移，进而提升学生的综合素养。

1. 构建生活化场景，引发探索性问题

项目化学习的主题应来源于学生的实际生活环境，无论是家庭还是社会背景，都应成为学习的素材。通过将这些真实情景融入群体合作学习中，我们可以引导学生利用他们已有的知识和经验，去创造和获取新的知识经验。

2. 挑选热门议题，增强学生的社会责任感

项目化学习鼓励学生收集相关数据，深入了解社会现实，并尝试表达自己的观点。通过这种方式，学生不仅能够提出切实可行的建议，还能在过程中培养强烈的社会责任感。同时，这也将有助于发展学生的创新思维、批判性思考以及团队协作和沟通能力，这些都是他们终身学习所需的宝贵能力。

学生做项目与在教师指导下进行项目化学习存在明显的差异①，它们之间的区别如表3-4-1。

表3-4-1 学生做项目与基于项目化的学习的区别

学生做项目	基于项目化的学习
学生可在家完成，无须教师或同伴的合作	需要教师指导或同伴的合作
学生做项目可以按照教师写在一张纸上的要求去完成	学生根据师生共同拟定的须知去完成
学生可年复一年按照产品说明书、图示或海报的要求去做	学生作为复合型、训练有素、具备技术知识和能力的团队成员在关键时刻能规划和实施项目
教师的工作主要是学生在完成项目之后	教师的工作主要在学生做项目之前
在做项目过程中，学生没有太多的选择机会	学生在项目化学习过程中有众多选择，学生的选择往往会给教师带来意想不到的惊喜
按说明进行工作，要完成去年既定的任务	按问题驱动开展项目化学习，涵盖学习将发生的方方面面，在各种须知之间建立联系
学生通常连想带猜地根据教师所分享的看法行事	学生根据项目制定的评价量规或可修改的项目评价要求行事
封闭式：每个固定的项目其目标都相同	开放式：学生能对项目学习的研究结果和路径做出自己的决定和选择
不能用于真实世界去解决真实问题	即使没有实施过，也能为在真实世界中解决真实问题提供方案
不与学生的真实生活特别相关	与学生的现实生活或未来生活相关
与现实世界的工作不太类似	非常类似于现实世界中已经完成过的工作
并不包括那些类似被解决过的事件或所需的情境和背景信息	无论是情境或模拟的都是真实的，如果是虚拟的，也是现实的，且具娱乐性和及时性
有时基于工具而不是基于真实问题	有目的地使用技术、工具、现实世界的工作环境，学生根据目标做出选择
为了上交给教师	项目结果或产品是为了呈现给公众，尤其是课堂之外的人们了解
项目结果趋同	项目结果不相同

---

① Terrell Heick. Teach Thought Staff［EB/OL］.（2019-10-18）［2023-11-02］. http：//www.teachthought. com/proje ct-based-learning/difference-between-doing-projects-and-pbl/.

二、"教—学—评"一体化

古德哈特定律指出：当一项措施成为目标时，它就不再是一个好的措施（When a measure becomes a target, it ceases to be a good measure.）。[①]评价是用于改进教学的一个有效措施，"以评促学，以评促教"已被写入《义务教育英语课程标准（2022年版）》。注重"教—学—评"一体化设计，始终将评价当作改进教学的有效措施，不应该脱离教学而成为独立的目标。

（一）树立科学的教育质量观

立足于义务教育的实际情况，应树立以推进素质教育为核心目标的科学教育质量观，并据此构建科学的评价体系。该体系应着重于过程性和发展性评价，不仅强调德育的实际效果，还要致力于提升智育水平，同时不忘强化体育训练、增加美育熏陶，以及加强劳动教育，从而促进学生的全面发展。

为实现教学与评价的一体化，须巩固课堂作为主要教育阵地的地位，并致力于解决课堂教学质量存在的问题。在此过程中，应充分发挥学生的主动性，鼓励他们成为各类评价活动的设计者、参与者和合作者，并自觉依据评价结果改进学习。同时，也要指导教师科学利用评价手段和结果，针对学生学习情况提供及时的反馈与帮助，并反思自身的教学行为与效果，以实现教学相长。此外，应坚持形成性评价与终结性评价相结合，逐步建立起主体多元、方式多样、以素养为导向的英语课程评价体系。

（二）布鲁姆教学目标分类法与可观察学习成果结构分类法

布鲁姆教学目标分类法虽然被广泛用于教师教育课程或职后继续教育课程中，已成为教师设计许多学业水平测试的评价基础和进行命题的依据，但是从教学评价为促进学习和改进教学的角度去分析，比格斯和克里斯开发的可观察的学习成果结构分类法（SOLO分类法）却注重学生理解的三个层次（表面、深层、概念），并将其整合到学习意图和作为学习成功标准的最强大的模型之中。在实施"教—学—评"一体化课程理念时，为布鲁姆教学目标分类理论找

---

① Stumborg M F, Blasius T D, Full S J, et al. Goodhart's Law [EB/OL]. (2022-09-23) [2023-11-03]. https://www.cna.org/reports/2022/09/goodharts-law.

到了对学习结果评价的平衡性、互补性目标。

无论你喜欢SOLO分类法还是布鲁姆教学目标分类理论，都无关紧要（见图3-4-1）。教师要实施"教—学—评"一体化，能有所作为的是要在学生的学习意图和学习结果评价之间精心安排好教学活动。

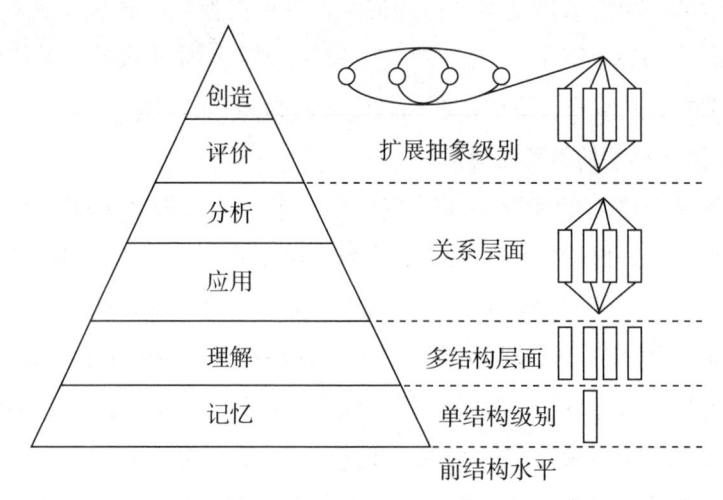

图3-4-1 布鲁姆教学目标分类理论与SOLO分类法的对应关系

布鲁姆教学目标分类理论与SOLO分类法对教师的教和学生的学用途和价值也存在明显的差异（见表3-4-2）。

表3-4-2 布鲁姆教学目标分类理论与SOLO分类法的差异

布鲁姆教学目标分类理论	SOLO分类法
根据教师教学内容和目标要求开发	基于学生学习成果结构的研究/证据
关于知识的理论	关于教学和学习的理论
教师认知复杂性级别存在教学预设的层次结构联系。教学反馈、前馈和馈送时间成本非常大，不同的评价者之间可靠性较低	体现基于学生认知复杂性的递增水平；教师和学生审核作业时往往会达成一致
在大型和嘈杂的学习环境中，教师对学生学习水平的划分可以单独通过文本传达	可观察的学习成果可以通过文本、手势和符号进行交流
未经设计不能用某个教学任务来平衡教学结果	教师允许学习任务和学习结果处于不同的级别
难以区分任务的认知复杂性和任务的难度	能区分学习任务认知复杂性和任务的难度

续表

布鲁姆教学目标分类理论	SOLO分类法
经常混淆或不精准使用动词进行描述，跨层次使用动词，难以提升评价的信度和效度	当教师计划和编写教学意图和学习效果时，明确使用不同级别动词可提升评价的信度和效度
教师难以查看学生对陈述性知识和功能性知识的掌握水平，包括元认知反思	便于教师查看学生对陈述性知识和功能性知识的掌握水平，包括元认知反思
无法让学生查看自己的学习成果和同龄人的学习成果	便于学生查看自己的学习成果和同龄人的学习成果
向教师反馈教学内容和活动任务是否完成，预设的教学目标在多大程度上已经达到	让学生知道学习是努力和实施策略的结果，了解学习进度是因人而异的

（三）指向学科核心素养的测评命题

学科核心素养，是在深入理解学科本质的基础上，对学科教育价值的精髓进行提炼而得出的。它指的是学生在课程学习中，能够灵活地整合学科理念、思维模式、探究方法和知识体系，以应对和处置各种复杂多变的、不确定性的现实生活情景的综合能力。学科核心素养的测评，应当反映以下教育要求。

1. 真实反映学科课程学业成就

学科课程的学习，是学生逐步吸收人类积累的文化观念、方法、工具和资源的过程，也是他们从基于经验地与世界互动，向理性、自觉地认识世界和参与社会活动的转变过程。这一过程真实地体现了学科课程学习的成果。这种真实性的学业成果具有三个特点：首先，学生能够创造新知识，而不仅仅是重复或回应已有的知识；其次，学生能够进行严谨的探究，深入问题本质，以创新的方式整合或重新组合现有知识，从而创造新的知识；最后，学生所形成的观念、方法、方案或产品，应具有超越单纯评价的审美、实用或个人价值，对个体和社会都具有实际意义。

2. 以建构为核心的学科核心素养测评

从广泛意义上讲，教育评价是一个基于证据的推理过程。这一过程是通过观察学生在特定评价任务中的表现，来推断他们在某些心理活动或在知识学习建构上的特征或水平。这里的"建构"，指的是评价任务所要考查的特定属性。评价者关注的重点，并不是学生在特定任务上的表面表现，而是这些表现背后的深层建构，如图3-4-2所示。

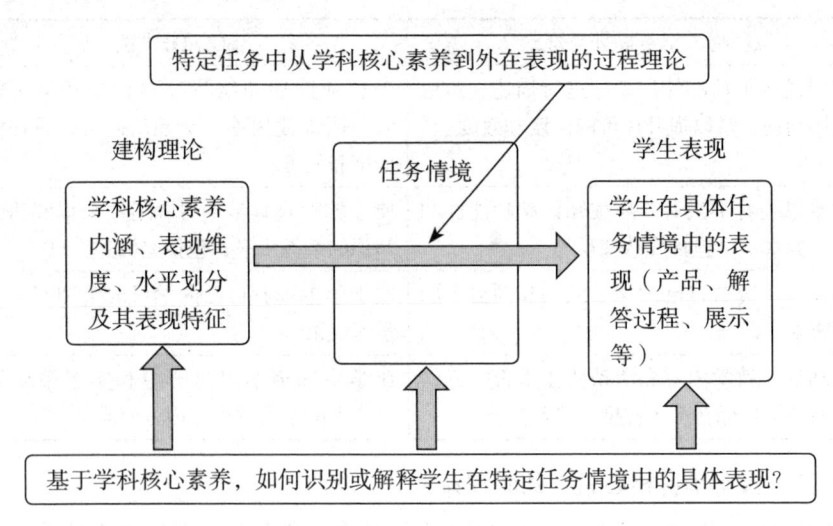

```
                        ┌─────────────────────────────────┐
                        │特定任务中从学科核心素养到外在表现的过程理论│
                        └─────────────────┬───────────────┘
                                          │
    建构理论              任务情境                    学生表现
  ┌─────────┐           ┌───────┐                 ┌─────────┐
  │学科核心素养│           │任务情境│                 │学生在具体任务│
  │内涵、表现维│  ───→    │       │    ───→        │情境中的表现│
  │度、水平划分│           │       │                 │(产品、解答 │
  │及其表现特征│           │       │                 │过程、展示等)│
  └─────┬───┘           └───┬───┘                 └─────┬───┘
        ▲                    ▲                          ▲
        └────────────────────┴──────────────────────────┘
              基于学科核心素养,如何识别或解释学生在特定任务情境中的具体表现?
```

图3-4-2 以建构为核心的学科核心素养测评模式[①]

学科核心素养测评需要依据上图所示的测量模型，明确以下内容：

第一，所测评的学科核心素养的定义、范围、基本组成部分以及这些部分之间的内在联系。

第二，这些学科核心素养与课程内容、教学方式以及学生能力水平之间的依存关系。

第三，学科核心素养在不同发展阶段所呈现出的特点，以及这些特点与学生年龄或学段的对应关系。

第四，结合具体领域，这些素养从初级到高级、从简单到复杂、从学校教育到现实生活的逐步发展过程。

第五，能够有效引发上述素养展现的典型任务环境及其特点。

第六，处于不同素养水平的学生在这些任务环境中的可能表现，以及这些表现和素养水平之间的内在联系和影响机制。

三、项目化主题意义探究教学实施与评价策略

加拿大哥伦比亚省教师图书管理员协会省级专家联合会提出了21世纪学习

---

① 杨向东. 指向学科核心素养的考试命题[J]. 全球教育展望，2018，47（10）：39-51.

者信息素养框架[①]，从探究阅读到课堂探究学习，提出如下系列教学策略。其中借鉴了美国学校图书馆协会关于学生探究学习的重要信念："探究为学习提供了框架。"该框架重点关注学生不仅要发展技能，而且会使用这些技能的倾向，以及对自己的责任和自我评估策略的理解。

（一）探究学习的能力维度

探究：通过批判性思考、识别问题、制定策略、解决问题等方式构建新知识。

包容：致力于展示学习共同体内的包容性和对多样性的尊重。

协作：与他人有效合作，拓宽视野，朝着共同的目标努力。

治理：通过收集、组织和分享与个人相关的资源，为自己和他人创造意义。

探索：通过经验和反思，发现和创新一种成长的心态。

参与：在参与小组实践和相互关联的社区及外部世界的同时，独立展示安全、合法和符合道德规则的创造，共享学习资源和知识产品。

（二）探究学习的展示维度

（1）思考：能表现出对探究的好奇心和主动性。首先，能提出关于个人兴趣或课程主题的问题。其次，学习者在参与一个学习社区时能提供一个平衡的视角。最后，学习者通过识别合作机会能回忆先前知识和背景知识作为新意义进行理解的上下文而作语境铺垫。

为个人成长而从事基于探究的过程，学习者要遵循道德和法律准则来收集和使用信息。首先，负责任地将信息、技术和媒体应用于学习之中。其次，理解信息、技术和媒体的使用道德。最后，评估信息的准确性、有效性、社会和文化背景，以及对需求的适宜性。

（2）创造：找到接触新知识的途径。能利用证据来调查问题，设计和实施一个可以填补知识空白的计划，而且要生成能说明学习能力的作品或产品。学习者参与个人、社会和智力网络。能使用各种沟通工具和资源。能与其他学习者建立联系，在他们自己的先前知识的基础上，创造新的知识。

[①] BCTLA Info Lit Task Force. The Points of Inquiry： A Framework for Information Literacy and the 21st Century Learner ［EB/OL］.（2011-01-15）［2023-11-17］. https：//bctla.ca/wp-content/uploads/2018/02/the-points-of-inquiry.pdf.

（3）分享：能适应、沟通和与他人交换学习资源或产品。首先，与他人所呈现的内容进行互动。其次，能对不同的想法表现出同理心和包容性；参与知情的对话和积极的辩论；有助于促进对一个主题表达多种观点的讨论。最后，能与他人一起有效地解决问题；征求和回应他人的反馈；在自己的调查过程中涉及不同的视角。

（4）成长：能参与一个持续的探究调查的过程。首先，能不断地寻求知识；进行持续的调查；通过与现实世界之间的联系来实现新的理解；利用反思来指导明智的决策。其次，能在学习共同体的知识建构中表现出同理心和公平性；寻求与各种学习者的互动；在学习活动中表现出对其他观点的兴趣；反思他们自己在学习共同体中的地位。最后，能积极地与他人一起进入学习情境；积极参与小组讨论；认识到学习是一种社会责任。

学习者能通过经验和反思来发展；迭代地应对挑战；认可发展、改进和扩展的能力和技能；能利用信息来扩展个人学习；能个性化地使用信息和信息技术；能反思知识的伦理产生的过程；能激励他人从事安全、负责任、合乎道德和有法律依据的信息行为（见表3-4-3）。

表3-4-3　基于项目化探究学习分享的责任承诺[①]

能力	探究	包容	协作	治理	探索	参与
思考						
创造						
分享						
成长						

---

① American Library Association. Introducing the AASL Standards Framework for LEARNERS：American Association of School Librarians TRANSFORMING LEARNING 2018［EB/OL］.（2017-11-18）［2023-12-06］. https：//standards.aasl.org/wp-content/uploads/2017/11/AASL-Standards-Framework-for-Learners-pamphlet. pdf.

第四章

素养导向的英语校本教研实践

素养导向的英语校本教研实践就是指课程校本化建设要以培养学生的英语学科核心素养为方向、为目标。校本素养教学与知识教学不同,但它是对知识、技能、态度的超越和统整教学,是人在真实情境中做出某种具体行为的能力或素质的培养。

第一节　素养导向大观念研训实践

一、关注英语教学结果导向，聚焦有效的作业任务设计

2022年12月23日，在"南方教研大讲堂"第62场（义务教育英语专场）——"探索作业优化路径　发展学科核心素养"研讨活动总结会上，广东省教育研究院英语教研员、正高级教师王琳珊对英语任务型的作业设计与实施过程提出了六点要求和建议：一要强调素养导向；二要强调任务主线、任务驱动；三要强调真实情景；四要强调符合认知规律；五要强调创新评价；六要坚持反思。对关注英语教学结果导向，聚焦有效的作业任务设计的教师提出了具有可操作性的指导建议。

在专家视点环节，龚亚夫教授指出，任务型语言教学的作业设计需要有信息处理的路径，遵循交际法等原则，并结合生活中语言学习的例子深入浅出地诠释任务型语言教学的作业设计的方法。任务型语言教学所提倡的所有的任务是要与生活有共同点，培养生活中的问题解决能力，对学生的未来非常有帮助。

广东省学科教研基地学校韶关市武江区红星小学的黄慰等教师通过大讲堂研训反思提出，要把学生作业设计与素养导向活动结合起来，东莞市的案例经验值得借鉴。东莞市教育局教研室英语教研员张凝领衔的东莞小学教研团队展示的任务驱动下的英语戏剧特征的剧本作业案例，以情绪体验、认知与管理为抓手，把戏剧体验转化为生活感悟，从生活中抽象出来的戏剧体验，又具体到生活实践中的作业，让学生有机会整合生活与学习戏剧任务，最后以戏剧情节表演出来，为学生的综合素养的培养指明了路径。

红星小学关建萍认为，专家的讲座、案例分享及分析、教研沙龙等，让她对作业内涵及设计有了更深刻的认识。教师要系统理解作业，包括作业的设

计、布置、完成、批改、分析和讲评等环节。课后作业的设计须以学生为中心，从多个维度进行有效构思。为避免过多的课业压力，应减少机械性、重复性的作业内容，以实现"减负"的目的。相应地，为激发学生的创新思维和学习兴趣，应增加创造性、开放性的作业，从而达到"出新"的教学效果。这样的设计旨在更好地提高学生学习的积极性，引导他们形成良好的英语学习习惯，使课后作业成为课堂教学的有效延伸和补充。

红星小学张新娣认为，任务型作业的设计与实施使得学生在巩固所学知识与技能的同时，又能激发和保持学习的兴趣与动机、发展思维能力、培养良好的品格，提升解决问题的能力，为一线教师提供了可借鉴、可推广的实践经验与做法。

红星小学田丽微认为，新课标、新变化、新征程、新方向的每一次学习都是新的启程。此次线上的培训活动，解决了教师在设计作业过程中的困惑，进一步提升了小学英语教师的专业素养，指导一线教师如何改进作业设计，如何通过任务型作业的设计与实施使得学生在巩固所学知识与技能的同时，又能激发和保持学习兴趣与动机、发展思维能力、培养良好的品格。

红星小学潘玟玟认为，讲座提及的内容都给了她很大的启发，也为她指明了今后努力的方向。此次讲座聚焦区域、学校作业，以管理和设计为目的，通过理论架构、案例剖析和互动交流，分享专家对区域课程改革、作业管理和作业设计的理论架构、制度设计、实践创新，探讨优化作业改革的机制和保障，为"双减"背景下教师如何进行课程改革、作业优化设计和管理提供了很好的解读和范例。今后，她会坚持全面贯彻党的教育方针，落实立德树人的根本任务，服从国家大局，严格按照上级有关要求做好作业设计，切实减轻学生的学习课业负担，努力为培养德智体美劳全面发展的社会主义事业建设者和接班人贡献一分力量。

红星小学邓菲认为，通过本次的线上学习，她感悟颇深，受益匪浅。首先，她从上海市教委教研室副主任王月芬博士所作的"关于素养立意的英语作业改革建议"主题报告中了解到，中国学生发展核心素养与科学素养的区别，英语新课标中对作业有三大要求：核心素养立意、单元作业设计、单元作业实施。其次，优秀的任务型作业案例展示应该有单元的明确学习主题，结合学生的学习情况，确定本单元的整体作业任务。龚亚夫教授分享专家视点：英语主题意义探究学习与机械性练习并重、明确重点与理解输入、在复现中掌握固定用法、提供大量接触语言的机会、互动是关键因素之一等。

红星小学黄慰认为,任务型作业需要以素养导向,需要把任务关联起来,而不是碎片化的任务,只有用一些长期性的任务督促学生去用,才能使学生形成素养,并做到学以致用,用以致学,用以致素养。基于这种长期性的任务,教师不应另起炉灶,而应与国家当下的一些课程教学的要求同步,以大作业去重建课程的样态,将课程转化为基于大观念的教学实施和相应的学习活动,将教学转化为教师引领下的学生创造性学习活动展开的过程。只有基于学习化的活动,才可能促成学生素养的生成。这样我们可以将课堂中所有的活动关联为一体。教学过程以此转化为一个以学习任务为中心的,以学生真正去落实学习任务、去探索、做创造性、探索性的学习活动为中心的一个过程。

二、素养导向的"教—学—评"一体化研训实践

2023年7月27日至28日,由广东教育学会教育评价专业委员会学会、广东海燕电子音像出版社和广东北江中学携手举办的"义务教育英语学业评价高级研修班"活动在韶关市举办。韶关市省级小学英语教研基地成员和基地学校骨干教师参与了本次研修活动(见图4-1-1)。

图4-1-1 韶关市省级小学英语教研基地成员参加义务教育英语学业评价高级研修班合影

（一）把握学业质量评价标准，提升作业设计能力

广东省教育研究院英语教研员、正高级教师王琳珊在"基于学业质量标准的英语作业设计"专题报告中提出：英语作业的设计要从作业的内容及存在的问题、文件政策和"学业质量标准"、作业设计的几条原则出发。教师对文本的解读需要从"Why""What""How"三个维度切入，优秀作业不但要注重内容（What）的全方面展示，也要对"How"和"Why"超越思路和意图进行分析。在核心素养的导向下，作业作为调控及评价的重要手段，不再是通过不同的题型冰冷地肢解知识点和技能点，而是提出了更高的要求——教师在布置作业的过程中既要关注对基础知识和语言技能的考查，也要考虑阅读的过程性体验，还要思考学生思维能力、语言解码能力、文化品格等综合素养的发展。

（二）素养导向，情境托举，问题引领，活动分层

东莞市教育局教研室小学英语教研员张凝提出"教—学—评"一体化的实践和反思：首先，教师要围绕小学英语"教—学—评"一体化的现状进行分析。其次，教师要从课堂评价的属性、课堂评价的本质功能、课堂评价设计原则对课堂教学评价进行阐述。再次，以"人教版《英语》教材四年级下册Unit 6 Shopping"为例，指出评价量规表中出现的评价描述抽象、评价量规不具体、教评目标不统一、无法精准诊断的问题，以及教学评价活动中出现的课堂评价的信度不强、效度不高的问题。最后，东莞市莞城教育管理中心小学英语教研员罗羽老师针对以上问题，通过引领修正、深层感悟、设计指引、迁移内化的改良策略修改案例，指出在课堂"教—学—评"活动设计中要做到目标一致、情境托举、问题引领、活动分层，才能更好地实现"教—学—评"一体化，做到以终为始，执一统众。

第二节　乐昌市凤凰小学校本教研实践

乐昌市凤凰小学作为小学英语学科省教研基地学校，以凤凰特质构建"素美教育"，促进学生的全面发展；秉承打造最美的校园、最美的班级的理念，让每一个学生受到安全和文明的洗礼；注重学生行为习惯的养成教育；坚持"砥志研思，笃行致远"的教研理念。

一、教研文化和教研主题

英语学科教研组全体教师基于本校的"凤凰精神"和"素美教育"理念，用自己满腔的热情，用心教学，潜心教研，耐心育人，以"尊重学生生命而美、尊重学生个性而美"引领教学，引导学生在英语学习过程中发现、体验、享受、创造和分享美，引导学生进入愉悦学习、快乐分享和不懈追求的学习境界。

学科教研组以广东省小学英语学科教研基地的大观念教学、多模态英语教学和深度学习三大研究方向为引领，确立了"聚焦大观念，加强单元整体教学"的教研主题，结合多模态教学提升课堂实效、优化作业设计、推动单元整体教学、培养学生的思维品质。学科教研组将充分依托广东省小学英语教研基地各位专家和名师的引领和指导，坚持育人为本，深入学习新课程理念，加强单元教学的整体性，以大观念教学推动单元整体教学设计与实践探索。

二、校本教研实践探索

（一）加强理论学习，提高专业素养

为更好地促进教师的专业发展，提升教师的专业能力和素养，让每位英语教师找到适合自己的方式和途径充电，学校依托省教研基地提供的学习书籍及线上线下交流分享活动，积极组织组内教师开展自主研修和同伴互助学习，积

累反思和交流分享。学校每学期举办说课竞赛、青年教师基本功大赛等活动，为青年教师的成长提供展示和交流的平台。此外，还会组织和派送教师外出学习、参加基地研训、听名师课堂、参加市骨干教师培训、听专家讲座等。研训一体，研学共进，有效拓宽了学科教研组教师的视野，更新了他们的教育教学观念，为提高教师专业素养提供了有效的途径。

学科教研组组织全体教师认真学习《义务教育英语课程标准（2022年版）》，重新审视原有的教学理念和教学行为，及时转变和更新教学观念，创新课堂教学设计，创新教学方法，创新教学手段。每位教师都在学习、反思、调整中将课堂还给学生，努力实现教师的定位转向，由单一型的实践者、教书匠转向多元化的研究者、探索者、创造者，让学生成为课堂内外英语学习真正的主人。学科教研组每周按时召开学科教研组工作会议，积极借助微信、视频、直播等线上线下途径进行学习和探讨，组内实行新教师与骨干教师"师徒结对"的办法，促使新教师快速成长。

（二）巧用信息技术，助力英语课堂

学科教研组以"聚焦大观念的单元整体教学"为教研主题，结合信息技术能力提升2.0培训工程，合理选择利用恰当的信息技术手段，助力英语课堂，推动单元整体教学的实施。教师积极从图片、视频、音频、动作等多模态资源入手，激发学生兴趣，调动学生多重感官参与到学习活动中，从而集中学生学习的注意力，探索适合本校本班学生的课堂教学模式，以此达到提高课堂效率的效果。

为更好地推进信息技术与英语教学的深度融合，学科教研组邀请组内或校内的专业教师开展信息技术及专业知识方面的讲座。在常态课堂教学中，教师利用希沃白板、粤教翔云等辅助课堂教学。借助Plickers教学软件对当堂练习进行快速的扫描检测，大大提高了教师批改的实效性；希沃白板中的游戏、蒙层等也很好地激发了学生学习的兴趣。Plickers、希沃白板等教学软件辅助教学，为创设真实的情境提供了良好的支撑，让英语课堂变得生动有趣，提高了学生的参与度，使得学生的英语学习变成一种快乐而又高效的学习。每位学生和教师在实践合作中深化了对语言学习内容的理解，在灵活运用中促进了能力的发展。

（三）立足校本教研，打造典型课例

英语学科教研组以广东省小学英语学科教研基地的多模态英语教学模式、聚焦大观念的单元整体教学和大观念下的深度学习三大研究主题为引领，结合信息技术能力提升2.0培训工程，确立了"如何利用多模态教学提升课堂实效，优化作业设计，推动单元整体教学、培养学生思维品质"的教研主题。在提升课堂实效和优化作业设计的过程中，积极探索适合本校学生的多模态课堂教学模式。针对2.0研修中各能力点的研修作业，努力研究并完成各能力点的案例，打造典型课例。

（四）聚焦单元主题意义，加强单元整体设计

在英语课程内容的选择上，应当坚持培育根本、铸造灵魂、启迪智慧、增长才智的原则，与现实生活紧密相连，围绕人与自我、人与社会以及人与自然这三大主题来展开。在内容的编排上，我们应当以主题为导向，借助多样化的语篇类型作为载体，将语言知识、文化知识、语言技能以及学习策略等元素有机地融入其中，并以单元化的形式来加以展现。

聚焦省英语教研基地提出的方向，以《义务教育英语课程标准（2022年版）》为指引，以"聚焦主题意义下的单元整体设计，在英语学习中培养学生思维品质"为抓手，加强单元的整体设计和教学，秉持英语学习活动观组织和实施教学，巧用信息技术助力和提升课堂实效，通过语篇研读，尝试单元整体教学，以此培养学生的思维品质。在新课标和"双减"政策的引领下朝着大观念教学的研究方向前进。单元整体教学设计的实践探索促进了学生的课堂深度学习，有效培养了学生的思维品质。

（五）课题引领促成长，研学并举促提高

以课题引领教师的专业发展。2021年"双减"政策一出台，学科教研组邓河莲老师就申报了"'双减'背景下小学英语高年级作业分层设计的实践研究"的韶关市级课题，该课题于2021年成功立项，正处于实验阶段。英语教师积极参加广东省小学英语学科教研基地的各项培训，在实践中探索和创新，在创新和反思中实践，聚焦省英语教研基地提出的方向，以《义务教育英语课程标准（2022年版）》为指引，从改进英语课堂教学模式和优化作业设计入手，加强单元的整体设计和教学，培养学生的综合素养。

(六)创新教学设计,构建悦享英语课堂模式

新课标倡导教师结合学生的认知特性,创造多元化的语言实践机会,这些活动应能激发学生的多感官参与。构建富有吸引力的情境,使学生能够围绕中心主题,在感知、模仿、观察、思考、交流以及展示等一系列活动中,体验英语学习的快乐。基于新课标的要求和英语学科的特点,为更好地落实英语学科核心素养,根据本学科教研组和学校学生的实际情况,围绕"愉悦学习,乐于分享"的学习理念,构建了悦享英语课堂模式。

通过建构指向大观念的单元主题意义教学,以单元主题为引领,借助歌曲、图片、故事、思维导图等设计和组织教学,引导学生课前进行愉悦的思考和预习;课中教师与学生进行愉悦的互动,培养学生的提问能力及其他各方面的能力;课后学生与他人进行愉悦的分享,最终达到增强学生语言能力、培养学生文化意识、发展学生思维品质、提高学生学习能力的目的,实现学科育人,让学科核心素养真正落地。

1. 悦享英语课堂教学模式

悦享英语课堂模式以愉悦学习、快乐分享为宗旨,通过形式多样的听、说、读、写、演、做等活动,培养学生的语言综合运用能力,拓宽学生的视野,增强学生学习的自信心。

课堂上引导学生以悦听、悦说、悦唱、悦读、悦演、悦问等方式,积极参与到多模态的英语活动中,多方位调动学生的感官,让学生通过体验、尝试、实践等快乐地学习英语,分享英语。

悦听和悦唱:通过欣赏、学唱英文歌曲、歌谣,培养学生良好的倾听习惯以及语感和乐感,让学生在愉悦的环境和氛围里去感知英语的美妙意境,引导学生在唱的过程中发现单词发音的规律、句子朗读的语音语调,体验歌曲、歌谣所要表达的情感。

悦问和悦演:借助图片、微课、视频等方式,通过role play、talk show、fun story time、fun dubbing等形式,借助单元整合内容后的story time或精心挑选的贴近校园生活和实际生活的课外资源,开展游戏或竞赛,激发学生更强烈的表演欲望。为学生创设真实的情境和表现的平台,提高学生的语言综合表达能力,使其学会欣赏、合作学习、懂得自评、他评和分享。

悦读和悦写:鼓励学生学会朗读、学会阅读、爱阅读。对于中年级的学

生，引导其大声朗读，培养其良好的朗读习惯和学习英语的自信心；对于高年级的学生，鼓励他们创编歌曲和故事，引导他们开展一定量的课内和课外阅读，或者以思维导图的形式归纳绘本的内容，为培养自主提问能力作铺垫，从悦读过渡到悦写（见图4-2-1）。

图4-2-1 乐昌市凤凰小学悦享英语课堂教学模式

2. 助力悦享和悦纳，开展多元多维评价

英语学科教研组坚持以评促学、以评促教，将"教—学—评"一体化贯穿于单元整体教学设计和课堂教学中，逐步建立多元、方式多样、以培养学生思维品质为导向的英语课程评价体系。英语悦享课堂教学设计围绕跨学科与信息化深度融合，结合学生的心理和年龄特点，采用以下多元多维的评价方式达到悦纳的目标。

（七）落实"双减"政策，优化作业设计

在单元主题意义的牵引下，借助多模态形式去设计和优化单元作业，对培养学生的学习能力、创新能力和思维品质等有重要的推动作用。英语学科教研组以悦享模式为指导，开展了基于单元主题意义探究的英语作业改革，引导学生在体验中学习，在实践中运用，在迁移中创新，践行学思结合、用创为本的英语学习活动观，提高学生学习的兴趣。

1. 复习巩固作业

小学生活泼好动，喜欢动手设计、绘画，所以针对四年级家庭功能室的学习，课题组设计了"Design my home/my school"手工制作类作业，学生通过绘制自己心目中理想的家校，标注不同功能房/室的名称，不仅复习了相关词汇，也培养了审美观和动手能力，对家校的各功能室有了进一步的认识（见图4-2-2）。在人教版《英语》四年级上册Unit 2 My schoolbag中，学生可以选择"Draw my schoolbag"作业，通过观察自己的书包，进行绘画涂色，并标注书包内物品的英文名称，由此来复习巩固本课的重点词汇。

图4-2-2 乐昌市凤凰小学学生英语巩固作业展示

针对五年级的单元主题，课题组设计了"Make a menu"活动，学生在制作过程中不仅能够复习巩固相关词汇，而且能够学会合理饮食，对自己的一日三餐、一周饮食进行合理的安排。此外，还设计了制作"美食手册"的作业，让学生通过绘画、书写等活动复习巩固相关词汇，然后借助美食手册与家人进行英文对话，同时"美食手册"也可运用在课堂中，作为学习的辅助道具，提高学生学习的积极性。

2. 实践操作作业

学生在贴近生活的真实情境中运用目标语言。如在教授人教版《英语》五年级上册（三年级起点）"Unit 3 What would you like？"这一单元时，课题组设计了"Make a salad"的操作类作业，在学生把所学知识延伸到课外实践时，在制作"salad"的过程中，要求学生区分"fruit salad"与"vegetable salad"的不同，在品尝的过程中体会"sweet""fresh"等新单词的含义，并懂得健康食品也不能过量食用这个道理。在教授人教版《英语》六年级上册（三年级起点）Unit 2 Ways to school时，课题组设计了"Signs around us"的主题作业，让学生找出身边的警示标志，通过绘画、语言等方式介绍标志，与实际生活紧密相连，加深学生对警示标志的理解，培养其遵守规则的良好习惯。

3. 基于单元主题意义探究的作业

如人教版《英语》五年级下册（三年级起点）Unit 2 My favourite season这个单元的主题是人与自然。课题组在教学设计中提炼了本单元的大观念——保护环境，守护地球大家园。在学完本单元后，让学生回去尝试以四季为主题，用思维导图的形式画出对四季的理解和认识，并思考（见图4-2-3）。

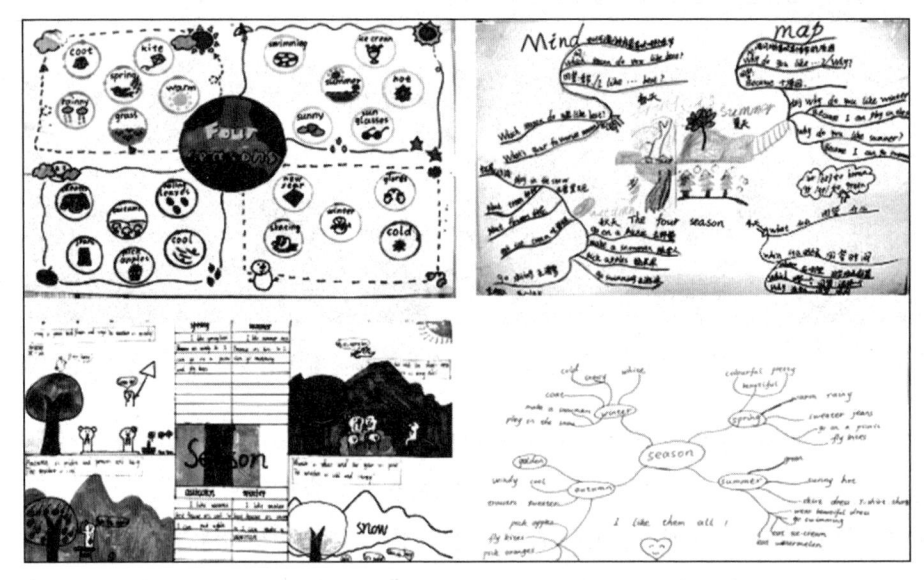

图4-2-3　乐昌市凤凰小学学生英语思维导图作业展示

通过以思构图、以图促思的深度学习，在作业中体现和渗透单元的大观念，即保护环境，可以从任何一件小事做起。

又如人教版《英语》五年级上册（三年级起点）"Unit 3 What would you like？"这一单元的主题范畴是人与自我，为了更好地进行本单元的教学，我们将本单元的主题定义为"Healthy food and healthy life"，将本单元整合为四个话题板块，话题一为"My favourite food & drink"，话题二为"Eat good food and keep healthy"，话题三为"To be a good cook"，话题四为"Life on the farm"，同时也简单整合了本单元的作业。作业从基础的学习理解（如基本的单词书写、课文朗读……）到实践应用（如制作salad、设计menu……）再到迁移创新

（如思考喜欢的食物是否为健康的食物？什么才是健康的食物？怎样制作出健康的食物？）。

三、积极研修共进，做好引领辐射

学校英语学科教研组成员乐于分享，互学互助，共同提高。依托省名师工作室和教研基地的优势，发挥骨干教师以点带面、以老带新的作用，激活全市小学英语教师的学习研讨氛围。课余时间，大家围绕《义务教育英语课程标准（2022年版）》和日常教育教学中遇到的困惑等，线上线下交流信息、交换看法、互相启迪、互相促进。学校的电子白板等设备为教学提供了便利，为充分发挥这些电子设备的功能，英语学科教研组提倡每位教师将自己的研修资料、平时的课件、教学设计等资料上传到学校的公共云盘，充实学科教研组的教学资源库，实现共享。在推进Plickers软件在课堂上的使用时，骨干教师从备课、上课、评课，到再备课、再上课，与其他老师一起，进行全程协作，互补共生；新教师在信息技术的使用上也给予老教师技术上的指点和帮助，在希沃白板的使用上，发挥工作室师徒结对的优势，就某一个选题，探讨论文的写作，提出修改意见和建议，研究精品课例的设计，从各自的观点中取长补短，相互学习，共同进步（见图4-2-4）。

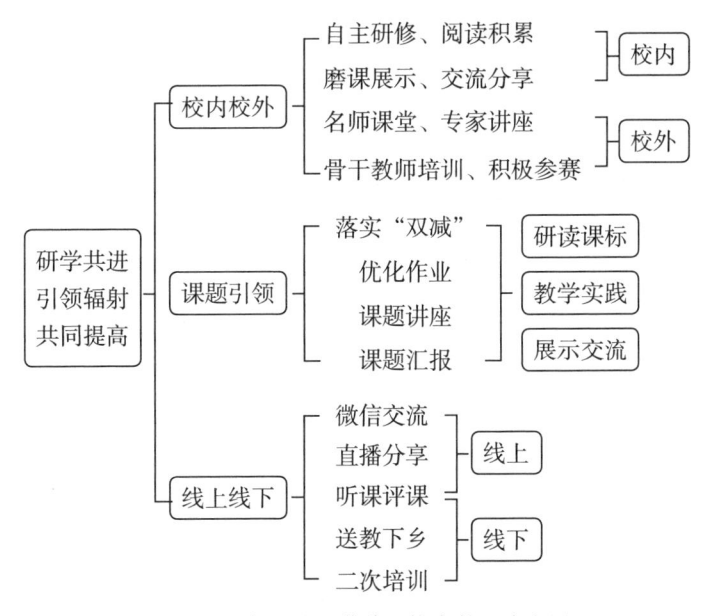

图4-2-4　乐昌市凤凰小学英语校本教研路线图

作为广东省小学英语学科教研基地，乐昌市凤凰小学着眼于基地自身的发展，充分发挥窗口示范辐射效应。自2021年加入广东省韶关市英语教研基地以来，英语学科教研组以校本培训和课题研究为抓手，积极参与广东省小学英语学科教研基地举办的线上直播分享活动，积极承担乐昌市教师发展中心举办的送教下乡、课例展示等活动，为中心举办的课题讲座、课题结题汇报、论文评选等活动提供支持，有效促进了校、县、市之间的交流。自成为省教研基地的成员后，课堂教学改革的路上我们一直在努力！学科教研组教师积极参加校内外的各项教研竞赛活动，教师个人素养和教师队伍建设也一直在持续提升。

参考文献

［1］中华人民共和国教育部.义务教育英语课程标准（2022年版）［S］.北京：北京师范大学出版社，2022.

［2］高友明.大教学：英语学科核心素养培育的课程模式［M］.上海：华东师范大学出版社，2021.

（本节内容主要执笔人：乐昌市教师发展中心　李红梅

乐昌市凤凰小学　黄丽梅）

第三节　仁化县城北小学校本教研实践

仁化县城北小学，立足于传承百年老校的历史文化和顺应时代之需求，大力实施"以美育德，以美启智，以美健体，以美导行"的美育教育，确立"做富有个性的美教育，育全面发展的时代人"的办学理念。学校打造"尚美"为核心校园的文化，校训——博雅尚美；校风——和合共美，笃志向上；教风——厚德至美，乐教善导；学风——品正行美，博学精思。

一、学校教研基地学科教研组建设

（一）学科教研组建设策略

为了适应教育改革的发展需要，扎实推进素质教育，加快学校师资队伍的建设，促进课程改革目标的全面落实，根据学校的具体情况，特制定仁化县城北小学校本研训工作制度。

1. 明确学科教研组在校本教研中的教研目标和职责。我们需要全面落实课改目标任务，以实质性地提升教学质量为核心，推动教师专业成长，并强化学校在课程建设上的自主性。我们的宗旨是推动每一位学生发展，关注课程实施中遇到的具体挑战，以教师作为研究的主导力量，既着手解决实际问题，也重视经验的提炼和规律的探索。

2. 校长应成为校本教研的典范和引领者。作为校本教研制度的首要负责人，校长须牢固树立科研兴校的理念，构建校本教研的导向、激励和保障机制。力求将学校打造成一个真正意义上的研究型组织，借助学科教研组和备课组的力量，构建服务于教师专业成长的平台。同时，利用校园教研网络，确保每位教师的困惑都能得到及时且有效的反馈，每位教师的教学经验都能与同事共享。

3. 在校本教研中，应充分发挥教师个体的积极作用。教师需要养成读书学习和自我反思的习惯，强化研究意识，从研究者的视角去审视、分析和处理教学中的实际问题，减少工作的被动性和盲目性。将教学与研究深度融合，形成全新的教师职业生活方式，从而提升教师的职业素养和教学能力。

4. 校本教研还应充分利用教师团队的集体智慧。在鼓励教师个人成长的同时，我们更应注重教师之间的专业交流、协调与协作，实现经验的共享，共同营造一种互助学习、相互支持、共同成长和紧密合作的教研环境。这将有助于提高整个教师团队的业务水平和研究能力，从而在教研过程中切实提升教学和研究的整体质量。

5. 促进教师帮扶培养制度的形成。坚持集体学习与分组研讨相结合，理论学习与实践研究相结合，常规教研与专题研讨相结合，严格做到"时间、地点、人员、内容"四个落实，并认真做好教研记录。每位教师每学期均要上组内公开课，按照说课、授课、评课的环节进行。每次活动，设主持人和中心发言人，中心发言人由组内教师轮流担任。

（二）学科教研组建设成果

近年来，学科教研组教师主持县级课题4项，市级课题1项，承担市县级公开课教研任务15节，曾获县级以上比赛奖项35项，县级以上获奖并发表论文12篇。

英语学科教研组教学严谨，努力进取，涌现出一批英语骨干力量及优秀教师。其中周玉婷老师为广东省吴秉健名师工作室成员，仁化县小学英语骨干教师，曾获仁化县"优秀教师"和"英语学科教学优秀个人"荣誉称号，任教学科成绩优秀，2022年获省名师工作室论文评选一等奖，广东省吴秉健名师工作室教学成果提炼（名师荐名著）二等奖。欧阳宇霞为中学英语二级教师，仁化县兼职教研员，曾获第二届广东省中小学英语青年教师教学能力大赛二等奖，韶关市第三届中小学英语青年教师技能大赛一等奖，以及仁化县"优秀教育工作者""五一劳动奖章""优秀教学个人"等荣誉称号；2021年，课例"Unit 4 I have a pen pal—C storytime"被评为省级基础教育精品课；2022年，参加小学英语省级教研基地教学论文评选获市一等奖；参加韶关市义务教育学校"双减"优秀作业设计活动获二等奖。

陈桂花为仁化县城北小学英语组学科教研组组长，曾主持市县级课题并结题，多次参与省学科教研基地研讨活动。张贵仪为小学英语一级教师，2021年获韶关市第四届中小学英语青年教师技能大赛一等奖，参与多项市县级课题项目研究；多篇论文获市县级奖项并发表；其中《有效激发小学高段学生的英语学习兴趣的策略》在仁化县中小学英语教学论文评选活动中荣获一等奖，并在中小学教育期刊发表；《巧用教学策略，丰富绘本教学课堂——广东省小学英语教师能力大赛观后感》在仁化教研杂志发表；2022年，参加小学英语省教研基地教学论文和精品课例评比活动，精品课例获市二等奖；在省级小学英语学科教研基地读书分享直播活动中，承担了具体教研任务。肖妃娟为小学英语二级教师，2021年指导学生参加仁化县第四届英语口语展示活动获特等奖；在省级小学英语学科教研基地读书分享直播活动中，承担了具体教研任务。

2022年上半年，在本校举办广东省名师专项课题"指向大观念深度学习的小学英语多模态教学研究"开课报告会，开展了广东省基础教育教研基地（韶关小学英语）赴仁化县城北小学送教下乡活动。学校师资力量雄厚，英语学科教研组教师配备均衡，目前共有七名教师，是一个年轻向上、锐意进取、团结协作、充满战斗力的优秀团队。为了保障教学质量，提高学科教研组成员的学科素养，学科教研组教师结合学校的实际情况，团结协作，取得了较好的成果，2020年被评为"韶关市优秀学科教研组"，多次获"仁化县'口语易'杯优秀组织奖"。

二、聚焦教学成果的研训

（一）聚焦英语学习活动，落实课程育人价值

2021年7月30日下午，广东省教育研究院开展了以"聚焦英语学习活动，落实课程育人价值"为主题的研讨活动。案例展示了教师在"读后续写"的教学中可以怎么引领学生进行主题意义的探究，创设真实交流的学习情境，真正达到读的活动和续写的活动的真正协同，这为以后的教学提供了非常有益的帮助。

2021年8月27日，广东省教育研究院举办以"变革课堂教学方式，落实英语育人目标"为主题的专家讲座，龚亚夫教授在主题报告中提出要发展语言运用、思维品质与良好品格同步发展的小学英语教育。来自深圳市宝安区的教师团队和东莞松山湖中心小学的教师通过具体的教学案例，分享了核心素养视域

下学生语言、思维和品格融合发展的小学英语教学实践，以及小学英语教学中语言能力、思维品质与文化意识融合发展的实施策略。

2021年11月26日，由广东省教育研究院主办的第22场直播活动，展示了探索阅读教学方法与途径，促进学生阅读素养发展的系列学习活动。首先是赵淑红老师的经验分享——儿童早期阅读的广州实践，接下来是由佘欣然老师教授的let's chant，吴丽霞老师教授的storytime和赵君老师教授的初中英语整本书阅读《绿野仙踪》。活动聚焦小学低年段、高年段和初中年段阅读能力和素养培养的内容、模式与方法，以及不同阅读阶段的衔接，通过真实的课堂案例聚力研究和解决义务教育英语教育高质量发展的重难点问题。

2021年12月18日，韶关市教育科学研究院举办了吴秉健省名师工作室基于英语多模态教学资源设计与应用的研讨直播活动。全市小学英语教师在线观摩了本次直播分享活动。本次活动分为三个环节：一是由韶关市浈江区执信小学陈玉玲副校长做直播活动介绍和讲座分享；二是四位主讲教师做英语多模态教学设计研讨直播分享活动；三是由专家在线点评。

在本次线上直播研训活动上，陈玉玲副校长分享了题为"小学英语多模态资源的设计和应用"的讲座。新丰县城第三小学的温海燕老师进行了"基于英语多模态大观念下的小学英语教学设计"的专题讲座。韶关市曲江区第一小学的张淑慧老师做了"基于多模态教学的小学英语微课设计与制作"的专题分享。韶关市仁化县城北小学的周玉婷老师跟大家分享了"基于核心素养下的小学英语单元整体教学设计及微课展示"。韶关市浈江区执信小学叶平平老师做了"基于畅言智慧平台英语多模态视听说教学活动的设计和实施"专题分享。

2022年1月28日，广东省吴秉健名师工作室学员引领网络成员通过钉钉直播的方式，以"大观念视角下的小学英语多模态教学策略实践研究"为主题，在工作室钉钉群和英语多模态教研钉钉群以及教研基地钉钉群同步进行了读书分享直播，全市小学英语教师在线观摩了本次直播分享活动。本次直播的主题是在大观念的视角下探讨多模态教学在小学英语课堂中的实践应用策略，包括模态选择原则和具体应用。来自曲江区和仁化县不同学校的五位骨干教师五个专题的分享，从不同的理论观念和教学案例呈现大观念视角下的多模态教学课堂和教学资源，充分发挥多模态在教学中的优势。直播结束后，韶关市浈江区

第四章
素养导向的英语校本教研实践

执信小学陈玉玲副校长、仁化县教师发展中心李文芳老师和仁化县实验学校杨卫群老师以及本次参加直播分享的主讲教师对本次分享进行了点评和互评。专家们肯定了五位主讲教师直播分享的内容，对本次读书分享讲座给予了高度的评价。

2022年6月17日，广东省教育研究院主办了第44场"南方教研大讲堂"：推进单元整体教学，发展学生核心素养——广东省义务教育英语学科教研基地成果展示交流活动。韶关市仁化县城北小学联合仁化县田家炳小学、仁化县实验学校、仁化县长江中心小学、仁化县周田中心小学等16所学校的小学英语教师齐聚云端观摩了本次活动（见图4-3-1）。

图4-3-1 韶关市省级教研基地学校团队参加省"南方教研大讲堂"展播画面

本场活动聚焦一线教师在实施单元整体教学过程中的困惑，聚合了广东省义务教育英语学科佛山、韶关、湛江三个教研基地的研究成果和实践经验，围绕"推进单元整体教学，发展学生核心素养"的主题，探讨了以下三个具体问题：一是如何确立单元目标和课时目标？二是基于教学目标，如何整合教学内容？三是如何设计和实施单元学习任务活动？本次教学活动通过真实的案例聚力研究和解决一线教师在实施单元整体教学过程中的难题，在传递理念、分享观点的同时，为一线教师提供可借鉴、可推广的实践经验与做法，生动地阐述了教研对基础教育高质量发展的专业支撑作用。

本次活动由省英语教研员王琳珊老师主持，活动伊始，崔允漷教授给大家做了主题为"建构素养本位的大单元"的报告。崔教授解读了英语新课程标准，指出为什么学、学什么、怎么学的问题，并且澄清了三个概念：课程内容不是词汇、语法、课文，是有结构的学习经验；主题不是书中的单元题目、话题、问题，而是指向人文、文化、育人意义的标题；语境不是背景、环境、情景，而是超越语言符号的意义情境。用"大单元"实现学科育人，崔教授指出"教—学—评"一致是个难点，评价任务嵌入教学过程有三种模式。崔教授的报告，明确了评价任务的设计，有目标必有评价，目标决定评价任务，同一目标可以设计多种评价任务供学生选择，以适应不同学生的认知风格与认知水平。

接着是湛江市高筱婉老师带来的团队解剖式说播课"大单元教学视域下主题提炼与教学内容整合"。高老师以两个问题为切入点：一是基于语篇研读，如何提炼单元主题，找准主题意义；二是如何构建单元课时架构，整合单元内容。以一个具体的单元案例"What were you doing when the rainstorm came?"，分享了团队如何探究单元主题意义。高老师首先出示了语篇图片，解读了语篇的内容与本单元的大阅读，让大家对语篇内容有了初步了解。高老师指出语篇研读是开展有效教学设计的逻辑起点，语篇承载着表达主题的语言知识和文化知识，因此，要整合教学内容，探究主题意义，进行深度的语篇研读，是必不可少的。

然后是韶关团队和佛山团队带来的单元说课及课例展示。首先是韶关小学英语省级学科教研基地周文婕老师给大家解读单元学习目标和单元学习课时目标，本节课旨在学生能够正确看待变化，努力提升自我，从而面对挑战，通过问卷星提交多模态学情分析资源。周老师分享了团队的设计理念，践行学思结合、用创为本的学习活动观，通过任务链发展学生的核心素养。其次，韶关黄慰老师对课时目标进行解读，分享了作业设计，基于多模态语篇设计单元作业链，体现课时作业的递进性，促进学生的自主学习，并且分享了作业设计的亮点。最后，佛山小学英语省级学科教研基地陈梦舒老师展示了人教版《英语》六年级下册（三年级起点）Unit 4 Then and now的教学课例。

活动采用了线上线下相结合的方式，广东省英语教研员王琳珊、韶关市小学英语教研员吴秉健、佛山市小学英语教研员林美芳、广州市花都区小学英语教研员庄海滨和佛山市南海区小学英语教研员姚达文等专家与嘉宾莅临现场进行了教研沙龙。王琳珊抛出了几个研讨问题：单元目标和课时目标的确定、如何整合单元内容、任务活动的设计。专家与嘉宾根据实践分享了各自的观点。

活动最后，龚亚夫教授围绕"大单元教学"中的任务设计做了分享。龚教授指出单元是一种学习单位，一个单元就是一个学习事件、一个完整的学习故事，一个单元就是一个微课程。通过"任务"发展核心素养，评估学生是否习得核心素养，让学生做事，而且必须要有真实的情境。实现语言发展、培养核心素养的路径不是通过讨论意义，而是通过动手实践，逐渐体会做的意义。龚教授的分享为一线教师指明了方向与方法，让大家更加明确单元整体教学所要求的思维能力。通过做浇花节水器，促进迁移与评价。

（二）指向大观念深度学习，开展多模态教学范式研究

为进一步加强基础教育小学英语省教研基地项目的建设，推进聚焦指向大观念深度学习的小学英语多模态课堂教学范式的研究，发挥基地学校教研的辐射引领作用，促进小学英语教师信息技术2.0与学科课堂教学的深度融合，探索小学英语教师专业素质的提升路径和规律，打造教师学习共同体，积极营造浓厚的教研氛围，广东省名师工作室于2022年3月9日至11日组织教研基地学校和教研基地成员在仁化县城北小学开展区域联动送教下乡的研修活动。本次研修活动为期三天。

接力课：人教版《英语》四年级下册（三年级起点）"Unit 2 What time is it？"的接力课展示，授课教师为仁化县城北小学的周玉婷老师和曲江区沙溪中心小学的林秀琼老师。两位老师基于教学认知目标分别设计了一节词汇课和一节对话课。在第一节课中，周玉婷老师明确了本节课的语言能力目标，即学生能够听、说、读、写本节课的六个词汇，并能熟练运用句型"What time is it？""It's...o'clock."来询问和回答时间，能够用"It's time for..."来描述不同时间要做的活动，能够理解"Let's do"的意思。在第一节课中，周老师以"clock"为切入点引导学生学习核心句型"What time is it？"，以John的一天为主线，组织学生学习John一天中在不同的时间做的不同的活动，通过创设情境，在活动中学习一系列表达该做某事的句子，培养学生严格的时间观念，使其养成合理安排作息时间的好习惯（见图4-3-2）。

图4-3-2 仁化县城北小学周玉婷老师承担省教研基地和省名师工作室展示课

在第二节课中，林秀琼老师基于学生对重点词汇和核心句型的初步学习，把教学重点放在句型的操练中。本节课进行了一个关于放学后John和Wu Binbin的对话学习，对话内容与实际生活密切联系。林老师确定了本单元的主线：如何合理安排时间，突出单元主线与课时主线的融合、大观念与小概念的联系，即认识合理安排时间的重要性。课堂伊始，林老师通过歌曲热身进入课程，在教学过程中，林老师融合多模态教学，开展多种教学活动，循序渐进地引导学生进行学习，突出教学难点句型"Time to go home, kids"，并通过角色扮演进行趣味操练，激发学生的学习兴趣，课堂气氛活跃，使学生乐于开口说英语。在文化意识方面，培养学生初步感知时差，理解"a. m." "p. m."的表达法，树立国际认同感。最后，林秀琼老师通过分享奥运冠军的事例进行渗透教育，引导学生做科学的时间管理者（见图4-3-3）。

图4-3-3 曲江区沙溪镇中心小学林秀琼副校长承担省教研基地和省名师工作室展示课

在接力课结束后，工作室成员与基地学校展开集中讨论。两位上课的老师分别汇报了上课的思路与设计理念。各县区教师代表也汇报了学科教研组发展的方向。最后，市教研员吴秉健给教师们分享了多模态教学范式，提出了教学中存在的短板，并分享探究式教学等理论（见图4-3-4）。

图4-3-4 省教研基地负责人主持省名师专项课题研究和研讨活动

专家引领：2022年3月10日上午，华南师范大学外国语言文化学院的黄丽燕教授带来了主题为"'双减'背景下的英语作业设计"的讲座。黄教授从作业的定义出发，指出作业是一种发生在课堂外的学习活动，涉及知识的学习和使用，承载着思维发展，目的是解决"教"与"学"之间的矛盾。教师们在了解了作业的本质之后，学习了文献中作业的分类。通过厘清作业的分类标准和具体类型，反思自己在教学实践当中运用了哪些类型的作业。不同的分类标准，有不同的作业类型。从知识观的视角，作业可以分为传统作业观、现代作业观和后现代作业观。传统作业观以传统知识为基础，以书面作业为主，注重"双基"训练。现代作业规则以动态知识观为基础，注重探究性、创造性、过程性和实践性。目前，现代作业观占据主流。而后现代作业观注重情境性、批判性和生态性。黄教授指出教师们在设计作业的时候，要对这些作业类型进行平衡区分。

黄教授基于作业设计的背景与需求，指出作业设计要系统化，尤其是对单元作业的设计，更是明确了作业具有教学功能，可以拓展学生的思维能力，帮助学生进行知识意义的构建。优质的作业设计会引发学生进行有利于高效学习的认知思维过程，从而促进学生思维能力的发展。

黄教授分享了一些优秀作业的案例，从讲座中，教师们进一步了解了英语作业设计的框架，认识到作业设计要把握好作业的趣味性、分层性与逻辑性，尊重学生的个体差异，注重对学生高阶思维能力、批判性思维能力的培养。在作业设计中突出评价主体多元化，体现核心素养要求，培养学生各方面的能力。紧接着，吴秉健主任为广东省名师专项课题"指向大观念深度学习的小学英语多模态教学研究"做了开题报告。他从问题的提出、文献综述、研究目标、研究内容、拟突破重难点、研究思路、研究方法、研究进度、预期研究成果九个方面对此课题做了汇报。他指出，大观念的教学能促进深度学习，但是需要采用多模态教学路径。

深度接力课：2022年3月10日下午为人教版《英语》五年级下册（三年级起点）Unit 2 My favourite season的接力课展示，授课教师为仁化县田家炳小学的朱海婷老师和曲江区实验小学的林海英老师。朱海婷老师讲授的部分为Part A Let's learn，本节课以"自己最喜欢的季节"为话题，围绕每个季节里四个关键性活动的短语开展教学活动。基于上课学生的认知和知识储备，从四季的学习着手，以一个米粒的成长作为情境呈现，让小米粒经过四季的成长，通过四个关卡的任务教学，使学生能够听、说、读、写四个重点短语：go swimming，go on a picnic，pick apples，make a snowman；熟练运用核心句型"Which season do you like best? I like..."进行交流。文化意识方面，让学生感知四季更迭的规律，能够合理安排各个季节的活动。思维品质方面，根据小米粒的成长联系到自身的成长，让学生感受到只有通过自己的努力，才能有像小米粒这样的收获。让学生在活动中正确表达四季活动的安排，通过课堂活动体会自己成长的变化，从各种途径掌握学习英语的技巧。

在第二节课中，林海英老师讲授的内容是Part B Read and write，本节课的核心话题是表达喜欢某个季节的原因，引导学生描述某个季节的景物变化和应季活动。本节课以Robin谈论四季的喜好为载体，生动形象地向学生展示了四季的美好。渗透英式英语和美式英语的区别，让学生了解一词多义，如"autumn"与"fall"，学会欣赏四季，激发学生热爱四季的情感，与学生生活实际密切联系。林海英老师基于对五年级学生的学情分析，创设Robin游逛四季公园的情境，以此开展阅读课教学。通过学习，学生能够正确理解语篇和新句"What lovely colours! The leaves fall and fall and fall."，培养他们的阅读技巧、自主学习与合作学习的能力，逐步发展思维的逻辑性、批判性、创新性。本节课旨在通过课堂活动，发展学生的思维能力和语言的表达与运用能力，引导学生思维由低阶到高阶发展，最终使学生读懂课文的四个语篇，并完成本节课的练习活动。

接力课结束后，两位上课的老师分别汇报了上课的思路与设计理念。各县区教研员和听课教师对两节课做了点评，指出两位上课教师教学用心，教学理念新颖，教学设计创新，能够科学融合多模态技术手段设计教学活动，教学过程中能够体现学生的主体地位，注重发展和培养学生的学习能力和思维品质。各县区教研员肯定了此次的备课、磨课、上课过程，对上课教师给予了高度评价（见图4-3-5）。

图4-3-5　省教研基地成员集体反思与个人反思研讨活动

"双减"作业：2022年3月11日上午，广东省教育研究院义务教育英语教研员王琳珊教授给教师们分享了主题为"以实现深度学习为目标的小学英语作业设计"的讲座。王教授从"双减"政策和深度学习、作业的内涵及存在问题、作业设计基本理念与要求、案例四个方面做了分享。党和国家高度重视作业问题，将作业作为减轻学生过重学业负担、促进基础教育内涵式发展的重要突破口。2017年，国务院提出要合理设计学生的作业内容与实践，提高作业的有效性。2018年，围绕作业问题展开，提出严控书面作业问题，科学合理布置作业。2019年，国务院要求，要促进学生完成好基础性作业，适当增加探究性、实践性、综合性的作业，不断提高作业设计的质量。

王琳珊教授总结：①提高作业设计质量，加强对于探究性、实践性、综合性、跨学科作业的设计；②科学合理布置作业，加强作业的批改反馈，提高作业有效性；③减负增效。讲座中还指出了教师普遍认同的课程理念，但是不知道该如何落实。针对这些问题，"深度学习"力求清晰回答教学系统中的基本问题，为教师提供解决教学问题的基本思想方法。

2022年3月11日下午，佛山市教育局教研室英语高级教师林美芳老师给教师们做了主题为"'双减'背景下小学生英语自主阅读的推进策略"的讲座。

林老师以"五好教育"为切入口,阐述了阅读的重要性。她指出,使阅读成为新一代国民的一种基本素养,融入他们的行为习惯和生活方式,是教育者的责任与使命。林老师给出了本次讲座的内容要点:理解阅读素养,培养自主阅读者;分级读物——学生自主阅读的保障;课堂阅读——通往自主阅读的桥梁;教师角色——为学生自主阅读护航,并详细解读了这四个要点。针对教师在学生自主阅读中的角色,林老师与现场观摩教师进行了互动,教师们从自身出发,根据林老师给出的九种角色,发表了自己的理解和看法。林老师在讲座中分享了"佛山阅读单",展示了佛山学子的阅读计划、亲子阅读等风貌,体现了学校、家庭、社区的互动关系和整合力。最后,林老师表达了自己的愿景:让孩子们一起爱上阅读!在这次研训活动中,教师们获益良多,同时也反思自己的不足,再一次更新了教学理念,希望教师们能将新的教学理念运用到自己的教育教学工作中去,不断提高专业水平。

三、基地学校英语教学主张与示范引领

(一)大观念教学与教学成果提炼

2022年4月23日,韶关市省级小学英语教研基地成员李文芳老师带领基地学校教师开展了在线直播研讨活动,主题为"大观念教学与教学成果提炼",指向大观念的小学英语单元整体教学策略,以大观念教学为切入点,分享小学英语单元整体教学策略。

陈桂花老师分享的主题是"大观念视角下的小学英语绘本阅读教学策略",从大观念的提出背景、绘本教学策略、案例分享、小结与反思四个方面进行了分享。她重点分享了大观念视角下的绘本教学策略,指出为了充分发挥英语绘本教学的优势,教师应该采取有效的策略开展教学。在英语绘本教学的课堂上,首先要求教师对学生所学内容有整体的了解和把握,同时,对学生个体差异也要有一定的了解。接着陈老师分享了一个课例,根据相应的教学策略进行绘本教学,通过有效的教学策略,尽可能照顾到各个层面的学生,使他们都能在一堂英语绘本课上学有所获。最后是反思性实践的教学策略。陈老师希望可以通过任务型教学和问题驱动引导学生层层感悟和理解,及时引导学生深入思考问题,并且能够因势利导,避免学生思维的固化和跑偏。

叶芳老师分享的主题为"指向大观念的小学英语单元主题拓展阅读教

学"，主要阐述了大观念提出的背景、小学英语单元主题拓展阅读教学的意义和大观念下的单元主题拓展阅读策略，并分享了她的真实课堂教学案例。叶老师分享了一节真实课例分析，设计了一节单元大观念主题下的小观念主题拓展阅读课。以教材为依托，对课外语篇资源进行深加工和处理；创设各种情境，帮助学生深入语篇，顺利完成阅读理解任务；以读促写，读写相结合，使教学环节循序渐进、环环相扣，教学设计具有系统性、整合性、开放性和创新性。此外，在实施主题拓展阅读教学时，叶教师能联系学生的实际，有效地实现学科育人的目标，很好地践行了《普通高中英语课程标准（2017年版2020年修订）》的大观念精神，指导学生利用语篇中学得的知识和思想来解决自己现实生活中的问题，实现学科育人的目的。

张贵仪老师分享的主题是"基于大观念的单元整体教学在小学英语对话教学中的运用"。张老师首先陈述了研究背景，提到目前碎片化的备课和上课制约了学生英语核心素养的培养，小学英语单元整体教学设计正是基于这样一种问题背景而提出的，并陈述了大观念的概念和对大观念的理解。大观念可以理解为将那些数量有限但意义深远的核心观念进行有逻辑的串联，它们共同构建起学科的完整框架，从而让学科内容不再显得支离破碎，而是形成一个连贯的知识体系，涵盖了概念、原则和过程的有机整体。大观念集中体现学科本质的思维方式和核心观点，是教师统领教学设计的核心理念，也是学生深入挖掘学科内核的概念锚点。随后，张老师讲述了单元整体教学设计及设计需要注意的问题，具体介绍基于大观念的单元整体教学设计在人教版《英语》五年级上册（三年级起点）"Unit4 What can you do？"第一课时对话课教学中的运用。最后是小结反思。张贵仪老师的分享，让教师了解了什么是大观念，什么是单元整体教学设计，以及如何把大观念运用到基于单元整体教学的小学英语对话教学中。

（二）指向大观念的单元整体教学策略

知行合一，研训一体。2022年7月20日上午，韶关市省级小学英语教研基地学校仁化县城北小学带领其所辐射引领学校的教师开展了在线直播研讨活动。直播分享的主题是"指向大观念的单元整体教学策略"，以大观念为切入点，分享了小学英语单元整体教学策略。

陈桂花老师围绕"指向大观念的单元整体教学设计"这一主题进行了分

享。单元整体教学强调对教学内容的全面分析、有机整合与重新组合,它围绕一个中心教学主题构建完整的教学单元。陈老师从两个方面进行了详细讲解:①在进行单元整体教学设计时,我们需要考虑哪些要素?第一,深入理解单元的教学内容,明确教学内容的重点;第二,要对学生的实际情况进行分析,以便确定最适合的教学方法;第三,设定明确的教学目标,以界定学生应达到的学习水平;第四,规划单元教学活动,选定实现教学目标的具体路径;第五,实施教学评价,以检验教学目标的完成情况。②在实施单元整体教学设计的过程中,我们应关注哪些关键点?第一,要注重对单元教学目标的整体规划和设定;第二,须准确把握教材中的核心内容和要点;第三,还须根据教学需求,对教材内容进行适当的增补。陈老师还分享了学科教研组单元整体教学的案例,讲述了单元整体教学的实践探究。本次直播分享让教师们对单元整体教学有了更进一步的了解。

凌文英老师直播分享的主题是"大观念视角下小学英语单元整体教学设计的实践探究"。英语学科的大观念,实际上是语言大观念和主题大观念的完美结合。它体现了学生通过所学的语言知识、思维方式、应用方法和学习策略,对单元主题形成的较为全面和深入的理解、态度以及价值判断。这种大观念不仅影响学生对英语知识的理解和应用,还为他们在日常生活中的行为选择提供了重要的指导。实施大观念视角下的单元整体教学必须以大观念为中心来重构单元教学内容,但很多教师在实践中存在不少困惑。凌老师从大观念的内涵、大观念与单元整体教学、大观念视角下开展英语单元整体教学设计的途径及案例分享四个方面进行了分享。

熊润梅老师直播分享的主题是"基于大观念的小学英语课堂真实情境的创设"。学科教学中的大观念,指的是在一定知识范畴内占据核心地位、起到引导作用的高级概念和基本理念。在选择、组织和设计教学内容时,大观念理论成为推动课堂从表面学习向深入学习转变的关键,同时也为知识向素养的转化提供了理论基石。从大观念的角度出发,为了有效培养学生的英语交流能力,教师需要有针对性地构建或设置富有情感色彩、形象生动的具体情境。而实现这一目标的重要方法就是设计体验性强、情境化、学生主动参与的学习课堂,与学生共同学习和应用知识。这样的教学方式能够丰富学生的情感体验,进而帮助他们更好地理解和掌握知识与技能,促进学生的心理功能发展,最终实现教学目标。但是在平时的英语课堂教学中，教师往往忽视了真实情境的创设，从而使课堂活动缺乏真实性。熊老师结合她的教学实践和课堂教学活动中的真实案例讲述了如何创设真实情境。

　　向嘉敏老师分享的主题是"大观念视角下思维导图在小学英语单元整体教学设计中的运用"。向老师以人教版《英语》六年级上册（三年级起点）"Unit 5 What does he do？"为例，从词汇记忆、语篇教学和把握单元主题这三方面来探讨思维导图在单元整体教学设计中的运用。首先，运用思维导图将本单元关于职业的词汇进行呈现。其次，以对话课为例，根据对话内容形成思维导图，帮助学生梳理文章脉络。再次，以"Read and write"的内容为例，对语篇中人物的职业理想进行梳理、整合，并引导学生根据思维导图进行知识迁移，帮助学生厘清写作思路，畅写自己的职业理想。最后，用思维导图来呈现本单元的内容结构框架以及每个课时对学生语言技能的要求，提炼出每节课的小观念，帮助学生构建本单元的大观念，形成对职业主题新的结构化认知、态度、价值判断和行为选择，为单元整体教学做了很好的铺垫和启示。借助直播平台，教研基地学校之间营造了一种浓厚的学习氛围，促进交流，区域联动，共同努力，让教研之路走得越来越好！

　　　　（本节内容主要执笔人：仁化县城北小学　陈桂花　欧阳宇霞　张贵仪）

第四节　乳源瑶族自治县金禧小学校本教研实践

乳源瑶族自治县金禧小学以"国学立德，经典育人"为办学理念，坚持"文化立校、民主治校、特色兴校、质量强校"的发展战略，是一所国韵飘香的粤北知名小学。学校英语学科教研组秉承"用心用情、夯实基础、创新教研"的教育理念，富有成效地开展英语教育教学工作，为学生的终身发展奠定基础，在成就学生的同时成就自我。

一、坚持目标导向，打造优质教师团队

教师之于学校正如少年之于国家，教师强则学校强。为打造一支精研教材、善研学生、创新课堂教学模式与方法的素质过硬的英语教师队伍，学校以科研为先导，实施青蓝工程等三大强师战略。

（一）做好教师发展规划

英语学科教研组制订个人三年发展规划，学校制订各学科教师队伍专业发展三年计划，明确在三年内教师素质达到一定的目标要求，主要包括教学能力、教学成效和学习研究等方面（见表4-4-1）。

表4-4-1　个人发展规划表（2021—2023）

项目	教学水平	教学成果（含家校满意度）	学习研究	是否达成（√）
现状				
三年发展总目标				
第一年（2021）				
第二年（2022）				
第三年（2023）				

在制订规划时，要求每位教师根据个人的实际情况将每年的规划量化体现，一年结束后对照规划表检查是否达成，对下一年的规划进行调整。

（二）实施三大强师工程

1. 实施"青蓝工程"。凡是教龄未满三年的新教师均拜师学艺，发挥骨干教师的传、帮、带作用，加快青年教师的成长。英语学科教研组中的张薇是刚大学毕业的老师，个人综合素质非常出色，但课堂组织与把控能力比较欠缺，所以安排教学经验丰富的骨干教师黄仕美老师与之结对，共同成长。作为"师父"的黄老师每月不少于3次到张老师的课堂上进行听课与课后评析与指导；张老师则每周至少听一节黄老师的课，学习她如何组织课堂，包括课堂语言、课堂活动指令、课堂活动设计与实施等。经过两年来的结对帮扶，现在张老师已迅速成长为教学新秀，教学效果也大幅度提升。

2. 实施"名师工程"。充分发挥省名师工作室成员、县中心学科教研组成员、骨干教师的引领示范作用，学校为这类教师的学习与研究提供了充足的时间和经费支持，使他们有机会参与多样化的培训活动与研究项目，从而确保其成长过程得到有力的外部支援。在完成研修学习后，这些教师将为校内其他教师进行培训和指导，分享他们的学习心得和成果，以此激发更多的教师投身于教育教学研究工作。近一年来，学科教研组中的梁碧媚、卢倩婷、钟文珍、谢姗姗老师参加了韶关市小学英语教研基地研训活动，三区小学英语教研组长培训，王琳珊、林美芳等专家的线上讲座、韶关市小学英语教研基地学校成果提炼分享线上研讨直播活动；全员参加《义务教育英语课程标准（2022年版）》解读培训等。每次参训后写的学习心得或优质资源及时在教研活动期间进行分享。特别是课标解读培训会后，教师们感受到英语教育应该定位于培养一个能与人成功交流的人，而不仅仅是培养学生掌握一种工具。教师唯有对新课标熟悉，才能准确地设定教学目标，才能超越学科，站位高，从而设计出能做成事的课堂！

3. 实施"台阶式成长工程"。构建阶梯式的教师成长体系，以推动青年、中年和老年教师之间的和谐、有序发展。为青年教师设立专门的成长档案，同时策划并执行具有针对性的、分层次的骨干教师培训计划，确保全体学科教师都能接受到全面的培训。运用学校开展的"双三课"、师徒结对课、生本教研精品课等活动进行展示和验收。

另外，学校还安排读书分享活动。全学科教研组教师进行阅读教育专著活动，每位教师一学期阅读不少于两本专著，每月在教研活动时进行一次读书分享。2022年2月，学科教研组成员卢倩婷和梁碧媚承担了题为"以发展学生核心素养为目的的英语课堂教学"的教研任务，进行了全市的直播分享交流；2022年5月，李惠兰老师开展了面向全县小学英语教师的2022年版新课标导读讲座。

（三）做好校本研训

1. 立足市信息技术应用能力提升工程2.0，构建多技术融合教学模式

作为韶关市信息技术应用能力提升工程2.0的试点学校之一，学校领导快速组织教师们学习各项文件，制定学校"一划两案"。英语学科在信息技术应用方面是走在前列的，组长依据校计划也制订了英语学科研修计划，组织英语教师们开展各项培训活动，构建多技术融合教学模式，提高信息化运用水平。英语组教师们的常规课堂教学、各项公开课或展示讲座都将信息技术融入其中，梁碧媚、阙秋霞两位教师在验收中被评为优秀等级。

2. 课题引领，继续深化课堂模式改革

近些年来，由于小学英语教学极为重视听说读的训练，学校在相关考核中取得了不错的成绩，但是英语书面表达却相对滞后，学生写作水平提高收效甚微。近一半的学生是瑶族孩子，瑶族同胞大都是聚居在一起的，他们平日里交流的语言都是瑶语。对于瑶族学生来说，普通话已是一门新语言，从三年级起开始学习英语，无形中更增加了他们的学习难度。此外，瑶族学生的祖辈大多是农民，住在山里，有些孩子来县城读书，都是爷爷奶奶带着，父母则外出务工，孩子回家后缺乏家长的陪伴和监督，英语学习除了课堂上仅有的40分钟和教师的教授以外，几乎没有任何接触英语的环境和机会。因此，结合学校的生源情况，通过课堂教学来激发学生学习英语的兴趣和热情，就显得尤为重要。多模态资源具有生动活泼的特点，能吸引学生的注意，对小学生的学习有很大的触动和启发作用。英语学科教研组卢倩婷老师主持申报了市级课题"利用多模态资源提高瑶区小学生英语写作能力的实践研究"，该课题已于2021年11月立项，现正在开展研究工作，并取得了一些成果。

3. 拓宽教师专业发展路径

为增加教师们的学习机会，学校还采取走出去、请进来的方式，派教师到教育发达地区跟岗学习。2021年9月，学校派出阙秋霞老师到东莞市茶山镇中心小学跟岗学习一学期。学习结束返校后，她结合学校、学生实际进行进一步整合与研讨，在2022年4月教授了单元整合汇报课，让教师们有了明确的学习目标与参照范式，较大地提高了英语教师的教育教学水平。2022年2月，学校继续派出郑小红老师前往同一学校跟岗学习一学期，在下半学年她也将个人的提升展现给各教师学习。同时，对方学校的李惠兰老师到我校交流轮岗一年。李老师是东莞市刘丽端名师工作室的指导老师，是一名非常优秀的一线骨干教师。目前，她主持的莞韶名师工作坊于2022年5月揭牌成立。她将帮助学校英语教师从教材解读、打造优质课堂教学和课题研究等方面进一步提升教育教学水平。

二、基于大观念的单元整体教学设计研究

2022年4月21日，我国教育部公布了《义务教育英语课程标准（2022年版）》。新版课标强调，英语课程内容的选择应当遵循培养根本、塑造灵魂、启迪智慧、提升才智的原则，同时要紧密结合现实生活，展现时代特色，反映社会和科技的最新发展。课程内容应聚焦于人与自我、人与社会以及人与自然这三大主题。在组织内容时，应以主题为导向，利用多样化的文本作为载体，将语言知识、文化知识、语言技能及学习策略等要素融入其中，并以单元的形式加以展现。

基地学校从王蔷、周密等学者的著作中汲取灵感，认为大观念是一个多层次、多角度的概念，它可以根据学科、知识和受众的不同而有所变化。大观念是学生在学习后形成的新认知框架、解决问题的思路与方法以及价值观念。这种观念是可以迁移到各种新情境中用于解决问题的素养，它会对学生产生深远的影响，并会持续塑造他们的品格和行为。然而，关于某一特定主题的大观念，仅仅通过学习单一文本是难以全面理解的。学生需要从多个维度构建与主题相关的知识，并深入挖掘单元内不同文本背后的深层含义，这样才能形成对该主题的完整认知、价值判断和行为倾向。

单元整体教学，是指将每个单元作为一个教学的主题。教师应该熟悉英语教材，做好教材内容的梳理，构建知识结构，适当开展教学活动，让学生能够从语言学习的整体出发。那么如何提炼单元的主题，用好教材中的语篇或选择更多语篇，组织和设计教学活动来完成语言知识、文化知识、语言技能和学习策略等学习要求呢？下面以人教版《英语》四年级下册（三年级起点）"Unit 5

My clothes"为例进行阐述。

（一）分析单元教学内容，确定单元主题

三大主题范畴为人与自我、人与社会和人与自然。本单元内容有四个主线：校园生活、逛服装店、家庭生活、夏令营，单元主题定为人与自我，主要围绕学生的生活、习惯养成展开（见表4-4-2）。

表4-4-2　英语单元教材内容分析维度

文本形式	标题/人物	主要内容	来源
Dialogue 1	Amy，Mike等	孩子们在公园玩耍时，有些物品落下了，渗透单元主要内容：寻找物品的主人	Main scene
Dialogue 2	Amy和PE teacher	体育课后，Amy与老师发现有同学落下衣物，两人通过对话确定衣物的主人	Let's talk
Dialogue 3	Amy和Sarah	两个小伙伴去逛服装店，认识衣物及表达自己的喜好	Let's learn
Dialogue 4	Sarah，Sam和Mother	Sarah一家在整理衣物，认识更多衣物及确认部分衣物的归属	Let's talk & Let's learn
Dialogue 5	Amy和Sarah	夏令营结束后，Sarah和Amy收拾行李时分辨各衣物的归属	Read and write

本单元聚焦于人与自我这一主题。为了帮助学生构建新的语言知识体系，教师需要充分调动学生已有的知识储备。为此，教师应当先对教材单元内容的编排进行纵向审视，以唤起学生对相关语言知识要点的记忆和理解：colours, Is this/that...? Are these/those...?，等等（见表4-4-3）。

表4-4-3　英语教材单元主题与语言知识点分布

教材	单元标题	相关语言知识点
人教版三上	Unit 2 Colours	颜色及对颜色的喜好
人教版四上	Unit 2 My schoolbag	通过颜色寻找物品
人教版四上	Unit 6 Meet my family!	确定单数，询问人物是否家人 Is this/that...?
人教版四下	Unit 4 At the farm	确定动植物，用复数询问是否与所想一致 Are these/those...?

通过表格的整理，可以明确地掌握需要激活的语言知识点，进而在课堂教

学中实现新旧知识的有效结合与运用，通过不断地复现和滚动练习来加深学生的理解和记忆。同时，从横向角度分析单元内容的编排，能够更好地整合和串联各个语言知识点。教材在编排单元板块内容时，充分考虑了话题认知的层次性和语言知识的渐进性，这体现了编者的精心设计和教学意图。

（三）依据学情和主题意义，制定分层小目标

在遵循《义务教育英语课程标准（2022年版）》对教学主题的指导、充分考虑学生的实际学习状况以及深入探索主题意义的基础上，教师会制定单元的教学目标。以这个单元教学目标为基准，教师会对整个单元的教学活动进行全面规划，并进一步将目标分解为详细的课时目标（详见表4-4-4和表4-4-5），以确保教学的有序进行。

表4-4-4　英语单元整体目标

类别	教学总目标
语言能力	能表达衣物名称并与伙伴谈论衣物的归属
学习能力	认识了解衣物归属的作用，养成良好的生活习惯
思维品质	在语境中理解和猜测词义、理解文本内容，培养学生预测、推理等思维能力
文化意识	了解某类服装的英文名称；建立对服装的审美观，养成及时整理个人物品的习惯

表4-4-5　英语单元课时目标

课时	课型	话题	语篇	教学目标	作业设计及目标
1	听说课	School is over	主语篇A Let's talk	1. 能够理解对话大意；能用正确的语音、语调朗读对话； 2. 能在情境中运用句型"Are these yours? Yes, they are. /No, they aren't. Is this John's? Yes, it is. /No, it isn't."确认物品的主人； 3. 能在情境中运用句型"It's Mike's. They're Chen Jie's."表述物品的主人； 4. 能在语境中理解新词"yours""hat"的意思，并能正确发音	1. 听录音跟读对话或熟读对话或背对话（课后延续学习） 2. 查找和shoes, hat同类的单词，并做成单词卡（为下一节课的学习做好预习和学具准备）

续 表

课时	课型	话题	语篇	教学目标	作业设计及目标
2	词汇课	Go shopping	主语篇 A Let's learn & B Let's learn	1. 能够听、说、认读clothes, hat, skirt, shirt, dress, pants, coat, shirt, T-shirt, jacket, sweater, shorts, socks单词； 2. 能够熟练运用句型"I like this/that/these/those..."表达自己对某件衣物的喜好； 3. 能够熟练运用句型"What colour is it? What colour are they?"谈论衣物的颜色	1. 继续完善单词卡。（课后巩固学习） 2. 完成B Let's find out选择与涂色任务（为第四个课时的学习做准备）
3	听说课	Pack clothes at home	主语篇B Let's talk	1. 能够理解对话大意；能够用正确的语音、语调朗读对话； 2. 能够在情境中恰当运用核心句型"Whose coat is this? It's mine. Whose pants are those? They're your father's."就某物的主人展开问答； 3. 培养学生整理个人物品的好习惯	1. 听录音跟读对话或熟读对话。（课后延续学习） 2. 继续完成涂色任务，向小伙伴或家长介绍所选衣物及其颜色（为下一课做准备）
4	读写课	Summer camp	主语篇 Read and write	1. 学生能够在多模态语篇中理解本单元的词汇与句型，读懂短文并完成读后活动； 2. 能够按照意群和正确的语音、语调朗读短文； 3. 能根据图片或在语境提示下正确书写单词和句子； 4. 在老师和同学的帮助下养成专心听讲、积极思考的好习惯； 5. 在小组学习活动中互帮互助，敢于向他人请教	1. 听录音跟读短文或朗读短文（课后延续学习） 2. 制作单词书（个性化作业，要求学生将单词卡整理好，根据图片提示写出句子）

续表

课时	课型	话题	语篇	教学目标	作业设计及目标
5	语音课	Uncle Dan's home	主语篇Let's spell	1. 学生能够感知并归纳-le在单词中的发音规则； 2. 能够读出符合-le发音规则的单词； 3. 能够根据单词的读音拼写出符合-le的发音规则的单词	查找更多含字母组合-le的单词，并尝试拼读（将课内知识活学活用）
6	复习课	Ready for party	主语篇storytime	1. 复习整理本单元的知识内容； 2. 完成相应练习； 3. 能够在图片的帮助下理解故事内容，从故事中知道可以合理处理旧衣物，变废为宝的道理	制作一份知识梳理英语小报（复习巩固本单元知识）

（四）遵循教材逻辑，根据主题整合内容

学习小单元的界定并非以课时为标志，而是以学生对主题意义某一两个方面的理解为目标，以及提升学生综合表达能力为宗旨，通过一个或多个多模态文本的学习来展开。因此，教师需要对学习小单元中的核心文本进行深入细致的剖析，包括其表达方式、特点以及篇章结构等，从而明确教学活动的关键点和学生语言能力发展的基础支撑点。

（五）以思维培养为目的，开展基于主题语境的阅读教学

"Read and write"环节是对前一课时作业的延续，通过一段文本描述了夏令营结束后Sarah和Amy在整理行李时的对话，我们可以了解到四件衣物的归属情况。在主题语境中，教师可以从以下两个方面着手进行教学：

1. 以插图为起点，锻炼学生的图像观察和预测推理能力。
2. 阅读梳理文本，培养学生的理解能力。

Recycle 1　Read and write　教学设计

【教材】

人教版《英语》五年级下册（三年级起点）

【课时安排】

1课时

【教学对象】

五年级学生

【授课教师】

谢姗姗

【教材分析】

本单元是一个复习单元。以"Sarah's weekend"为中心，复习巩固第一至第三单元的主要内容，包括日常作息时间及对应活动、季节描述、季节性典型活动及理由陈述、12个月份名称及其缩写形式。本课时的教学重点是通过听、说、读、写等活动帮助学生进一步复习和巩固第一至第三单元的核心词汇和句型，提高学生的语言综合运用能力。

【学情分析】

本课的教学对象为五年级学生，他们已经开始接触英语短文的阅读，大部分学生具有初步的听、说、读、写能力，但还不能独立完成较长语篇的阅读。我探索着在教学中运用多种教学方法，如情境教学法、任务型教学法等，帮助学生逐渐理解短文。本课我根据教学内容和学生的年龄特征、认知规律，主要设计了三个任务，由浅入深、由易到难培养学生的思维能力和阅读能力。

【教学目标】

1.通过参与本课活动，达到对第一至第三单元关键语言知识的回顾和巩固。

2.具备阅读并理解电子邮件内容的能力，同时能准确回答相关的课后问题。

3.能依据给定信息，撰写两个句子，以完善Sarah的电子邮件，实现个性化的写作训练。

【教学重点】

学习并掌握与季节、活动相关的词汇和短语，以便在真实环境中准确使用，能够生动地描述每个季节的气候特征及在该季节中人们常进行的活动。

【教学难点】

完成个性化写作

【教学方法】

情境教学法、任务驱动法、自主学习法

【教学材料/准备】

PPT课件、课文录音等

【教学过程设计】

1. 教学流程设计（见图4-4-1）

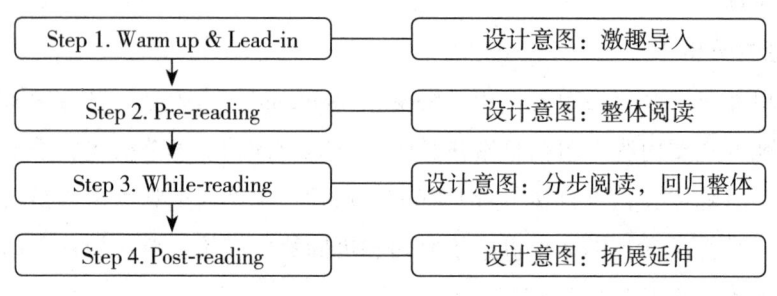

```
Step 1. Warm up & Lead-in    →    设计意图：激趣导入
        ↓
Step 2. Pre-reading          →    设计意图：整体阅读
        ↓
Step 3. While-reading        →    设计意图：分步阅读，回归整体
        ↓
Step 4. Post-reading         →    设计意图：拓展延伸
```

图4-4-1　英语课堂教学流程图

2. 教学过程设计（见表4-4-6）

表4-4-6　英语课堂教学过程设计

教学环节	教学内容	教师活动	学生活动	设计意图
Pre-reading	1. Greetings	Greetings	Greetings	组织教学，导入新课
	2. Look and say—Which season is it now in Australia? 3. Free talk	（课件出示：一棵树的春夏秋冬景色图片） T：What season is it? T：What's the weather like in spring/summer/autumn/winter? T：Is it spring in April in Australia	1. Look and say. Ss：It's spring/summer/autumn/winter. Ss：It's warm/hot/cool/cold. 2. Free talk. Ss：Yes/No	创设情境，复习季节相关表达，引导学生谈论四季，利用学生发散思维能力，为后面的短文阅读做好铺垫

续 表

教学环节	教学内容	教师活动	学生活动	设计意图
While-reading	Task 1： （1）Read & answer. ① Talk about email. Who send the e-mail? ② Finish the task. Check the answers. （出示课件） Know the opera houses & operas. （3）Students read the text together	1. Talk about e-mail. T：Who send the email? 2. T：Here is Stella's reply. Now, read and answer： （1）Is it spring in Sydney in April? （2）What's the weather like in April in Sydney	1. Talk about email. Ss：It's from Stella. 2. Finish the task. （课件出示：教材第34页的课文邮件） 3. Know something about opera houses and operas. 4. Read the text together	通过听、看文本整体感知，用任务1"问答"，帮助学生掌握阅读策略。通过看图引导学生了解北半球和南半球的季节是相反的，了解澳大利亚，为理解文本做好铺垫
	Task 2： Write an email for Sarah. （课件出示：教材第34页给Sarah回邮件的任务） T：Now, can you answer the email for Sarah? Pair work. Students ask and answer in groups of two	T：Now, can you answer the email for Sarah? You can start from these two aspects： （1）What's the weather like in spring? （2）What do you usually do then? 3. Let's share the answers.	1Write an email for Sarah. （课件出示：教材第34页给Sarah回邮件的任务） ask and answer in groups of two. They can do like this： A：What's the weather like in spring? Ss：It's...	创设情境，回复邮件锻炼学生的口语和书面表达能力。提供对话模板，为学生语言输出提供支架。在这一过程中，复习第二单元的主要知识点
Post-reading	Task 3： 1. Try to write：Welcome to Shaoguan. Briefly introduce the email.	Briefly introduce the email：Wu Binbin ask Stella to visit Shaoguan.（出示课件）	Try to write： Welcome to Shaoguan. 1. Write sentences. Students read the email.	放映图片，让学生欣赏家乡美景，培养学生热爱家乡的情感

续表

教学环节	教学内容	教师活动	学生活动	设计意图
Post-reading	（2）Write sentences. Students read the email. （3）Show time Homework： 1. Make a mindmap. 2. Finish the worksheet. 3. Try to do.（选做）课后查阅相关资料 Why are the seasons different in China and Australia	2. Ask students to write down their sentences on the worksheet	2. Show time. Ask several students to show his/her email to the class	结合本课内容和学生生活实际设计任务：以吴斌斌的身份写一份邮件 通过作业巩固所学内容，培养学生在生活中运用英语的能力

3. 板书设计

略。

4. 教学反思

本课在"Pre-reading"中本着以旧引新的英语教学原则，通过复习四季的季节词，由此设置悬念让学生猜一猜澳大利亚的季节，顺利引出新课。在"While-reading"环节，对课文的处理是以读为本，通过默读、精读、学生自由读和示范读来处理的，在读的环节中渗透阅读策略。最后"Post-reading"环节通过回复介绍家乡季节的邮件，综合了所学句型，学以致用，培养学生动手、动脑的能力。让学生在活动中学习，既能使学生复习新知，又能让学生感受到完成任务后的喜悦，并且将课堂气氛推向了高潮。整节课的设置环环相扣，过渡自然，较好地完成了教学目标。整节课主要体现了以下几个特点：

（1）利用多模态，注重情境创设，开展丰富多彩的活动。本节课利用多模态创设情境，用读一读、说一说等活动开展教学。学生在宽松、浓厚的英语学习氛围中，参与到活动中，完成了教师预设的教学任务，较好地达到了教学目标，具有较强的实效性。

（2）体现任务型教学，学生为主体，教师为主导。在这节课中，设计了3个任务，让学生发挥学习主动性，在阅读的问题中体会、理解，实现了"被动学"到"主动学"的转变。

（3）密切联系生活，注重情感教育。本节课还涉及南北半球的地理知识以及澳大利亚这个南半球国家，可合理渗透相关常识，引导学生对此有一定了解。

三、以赛促学，激发学习兴趣

学生的学习兴趣是其学习的内在驱动力，而深厚的情感体验则是学好英语的重要因素。小学英语的教学活动应以现实为基础，同时着眼于学生的长远发展。然而，仅凭课堂教学并不能完全满足学生的英语学习需求，因此，我们应有更广阔的教学视野，重视并开发课外活动。这些课外活动不仅作为课堂教学的有益补充，更是其延伸和深化。通过丰富多彩的课外活动，我们可以进一步培养学生对英语学习的兴趣，激发他们的学习热情，同时也能为他们的课余生活增添更多的色彩和乐趣。每学期英语学科教研组都会在学校的部署下举办丰富多彩的英语课外活动和竞赛，让学生通过各种活动展示自己的学习效果。如在2021—2022学年，英语学科教研组举行了丰富多彩的英语课外活动：三年级的英语书写比赛、四年级的口语比赛、五年级的看图作文比赛和六年级的思维导图设计比赛，让学生通过多渠道学习英语，展现学生的学习热情，激发学生学习英语的积极性和主动性，提高学生的整体素质，为其日后的英语学习打好基础。

四、发挥基地校的辐射和示范引领作用

学校是英语教研基地校，英语学科教研组教师及时将本校在英语教学、教研方面取得的成果与成功经验辐射到县里几个薄弱学校，充分发挥了示范引领作用。近一年来，学校骨干教师梁碧媚、卢倩婷、钟文珍、阙秋霞等分别给薄弱学校上了专递课和送教课15节。尤其是2022年春季学期，四位教师承担的人教版《英语》三年级下册（三年级起点）Unit 2 My family专递课，为县里山区教学点、英语教学薄弱学校的孩子们进行专业英语课堂教学，让他们也接触了城区先进的教育教学理念，缩小了学校之间的差距。在课前同步教研与异步教研时，大家一致提出必须要进行单元整体设计，包括选用的教学资源、作业设计都要统一协调与设计，让每一个课时的设计与实施都为完成整个单元教学任务服务。最终，四位教师为11个学校或教学点248位三年级学生呈现了生动、精彩、高效的英语课堂，也为教学点的教师们带来教学工作上的新的启发与正确的引领。

为进一步发挥基地学校的引领示范作用，搭建教师教学交流平台，英语学科教研组的骨干教师们还到柳坑中心小学、红云中心学校开展送教下乡教研活动，送去词汇课、语音课、读写课等优质课。每次送教均与当地学校教师进行交流活动，如在柳坑中心小学送教时进行了学科教研组建设与组织的交流活动，为该校英语教研的开展做示范性的引导；在红云中心学校送教时带去"基于问题导向的小学英语单元整体教学设计的实施路径""基于'双减'背景的小学英语单元整体设计的实践"讲座，带动薄弱学校共同进步。

参考文献

［1］中华人民共和国教育部.义务教育英语课程标准（2022年版）［S］.北京：北京师范大学出版社，2022.

［2］王蔷，周密，蔡铭珂.基于大观念的高中英语单元整体教学设计［J］.中小学外语教学（中学篇），2021（1）：1–7.

（本节内容主要执笔人：乳源瑶族自治县金禧小学　钟文珍　谢姗姗）

第五章

基于多模态的英语校本教研实践

人类通过多种感官认知世界，学习中的个体对场景进行感知时往往能快速地接收视觉、听觉乃至嗅觉、触觉的信号，从而对其进行融合处理和语义理解。多模态机器学习方法更贴近人类认识世界的形式，当下推动英语多模态的教学理论与实践研训已成为必然。

第一节　基于多模态的英语研训实践

《义务教育英语课程标准（2022年版）》和广东省基础教育教研基地建设目标都要求中小学聚焦中小学教师信息技术应用能力提升和英语多模态教学实践与反思，深入推进基于多模态的英语研训实践活动。省级小学英语教研基地核心成员之一仁化县实验学校杨卫群在三年的基地建设过程中，参与承担学科教研基地英语多模态研训活动的策划和组织实施系列工作。

一、聚焦资源的生成性应用，为教学工具提供多模态技术赋能

2021年7月9日，为加强生成性教学的实践研究，引导教师提升生成性资源开发和利用的能力，优化生成性教学资源以解决课改中的真实教学问题，在仁化县实验学校杨卫群的策划下，韶关市小学英语省级教研基地组织了小学英语多模态微课资源创新研修分享直播活动。研修主要研讨主题：一是聚焦核心素养之小学英语单元整体教学设计与实施的微课案例研讨；二是对多模态英语微课资源的"优质化""个性化"以及"融通化"进行研讨。研讨活动一方面是为全市小学英语教师搭建交流合作和资源共享的平台，聚焦智能技术与英语学科教学深度融合的创新发展新样态（新路径）；另一方面是为共建省学科教研基地，围绕支撑基础教育高质量发展的新生态进行积极探索。

以人教版《英语》为内容，以主题系列活动课形式呈现，聚焦以下在线分享的内容：①仁化县田家炳小学杨伟艳老师的小学英语单元整体教学设计与实施的微课案例研讨，人教版《英语》六年级下册（三年级起点）Unit 3单元整体教学设计微课案例展示；②始兴县高峰小学肖雪孟老师的"EV录屏微技能分享及微课案例研讨；③乳源瑶族自治县第一小学李桂花老师的"UMU互动学习平台支撑下的小学英语混合式教学研究"；④新丰县城第三小学温海燕老师的

"微课制作微技能分享及微课应用展示"。

2022年2月26日，聚焦"英语多模态资源教学设计与应用"，以信息技术2.0赋能为切入点，以学科核心素养在教学中落地为教学设计目标，对教学资源的设计促进了对教学模态的选择。韶关市和平路小学省教研基地成员林荔和胡敏分别引领教研基地青年教师和省名师工作室网络学员协同读书分享教学经验，在省教研基地群、省名师工作室网络学员群和全市多模态教研直播群进行了3场协同直播分享。

和平路小学英语学科教研组组长林荔分享了"多模态英语教学资源的设计与应用""英语Gif动态图的加工设计与英语教学应用"。首先，聚焦研究问题：一是文化语境与情境语境融合应该选择什么样的多模态技术工具？二是如何用多模态技术工具将语篇中的语境进行有效分隔，并和多模态技术工具最终联合起来？其次，提出可解决的学科方法或技术方法：包括多模态理论与实践的论述简介；重点是英语多模态资源的获取和加工；学用结合的是英语多模态资源设计案例剖析。最后，通过教学例子指导学生的学习内容：英语读写"Read and write"，人教版《英语》四年级下册（三年级起点）Unit 3 Weather，展示了英语多模态letter（书信）和postcard（明信片）读写资源的设计与应用。

韶关市和平路小学胡敏做了"多模态资源在小学英语阅读教学中的应用"的讲座，内容由多模态理论概述、多模态教学模式、多模态资源在阅读教学中的应用三个部分组成。首先，对多模态的相关理论做了详细的解读，多模态交际是人类同时运用多种感觉，借助语言、声音、气味、图像、动作、手势等多种手段和符号资源来达到交际目的的现象。其次，分析了多模态教学模式的概念及特点。最后，以三个教学片段，分享了如何把多模态教学的资源应用于英语阅读教学的三大环节中，以充分发挥多种模态符号和资源在阅读教学中的作用。

二、关注多模态教学资源应用，落实英语"教—学—评"一体化

2023年2月26日，韶关市省级小学英语教研基地学校——韶关市曲江区实验小学举办了题为"基于多模态资源支持的单元整体教学实践"的单元教学案例分析直播分享活动。《义务教育英语课程标准（2022年版）》提出了"加强

单元教学的整体性"的课程实施建议。为使学生逐步建构对单元主题的完整认知，促进其正确态度和价值观的形成，切实落实立德树人根本任务，此次直播分享活动让广大一线英语教师潜心研读《义务教育英语课程标准（2022年版）》，深入解读教材和分析单元内各语篇及相关教学资源，结合学生的认知逻辑和生活经验，积极、大胆尝试实施单元整体教学。

林海英老师直播分享了"单元整体教学之阅读课The contrast of things' growth"的讲座。首先，她以《义务教育英语课程标准（2022年版）》和多模态在英语教学的重要性作为单元整体教学目标。其次，她依据教学设计的逆向目标思维，简明分析了单元整体教学设计的思路。林老师以人教版《英语》六年级下册（三年级起点）"Unit 1 How tall are you？"中的Read and write为例，详细介绍了多模态资源支持下的整体单元阅读课教学设计，落实"教—学—评"一体化，并实现信息技术与小学英语学科教学的深度融合，为一线教师提供了很好的教学参考案例。

黄有兰老师分享了"单元整体教学之词汇课Comparison between people"讲座。她首先介绍了单元整体教学的研究背景，强调了单元整体教学倡导的理念与核心素养教育理念相对应，是切实落实核心素养培养路径的具体体现。黄老师以人教版《英语》六年级下册（三年级起点）"Unit 1 How tall are you？"中的Let's learn部分为例，详细介绍了本单元第一课时的教学设计，并分析了多模态资源在本课教学实践中的使用与作用，还分享了两个资源获取的工具——Word Search Maker和Word Shapes Worksheets，为一线教师制作多模态资源提供了方法与途径。

刘志老师分享了"单元整体教学之对话课（一）Comparison between things"讲座，内容一是介绍了单元整体对话课教学的理论依据；二是展示了单元整体教学之对话课实例。以多模态教学理论为指导，在教学实践案例人教版《英语》六年级下册（三年级起点）"Unit 1 How tall are you？"中的A Let's talk部分，通过对教材内容深入分析、学情分析，确定课时目标。在教学设计上借助多媒体、PPT、音频、视频、图片、文字等，设计生活化的对话活动，拓展与话题相关的语境，逐步形成语篇对话，实现了听觉模态、视觉模态、触觉模态、情景模态等的有机结合，最终达到培养学生语言能力、文化意识、思维品质和学习能力的目的。

张文郁老师分享了"单元整体教学之对话课（二）Comparison between cultures"讲座。首先，张老师对小学英语课堂教学中文化渗透的现状与存在问题进行了阐述，强调了在小学英语教学中进行文化渗透的重要性以及在教学中如何进行文化渗透的方法。其次，张老师结合对话教学的实例，利用多模态资源，直观形象地渗透了文化意识和情感的教育。张老师强调在英语教学中要重视语言教学与文化渗透的有机结合，重视对学生进行文化差异的点滴渗透，培养学生的文化意识，提高学生的跨文化交际能力。

三、聚焦专家引领，提升学业质量评价

2023年7月27日至28日，广东北江中学英语教研基地成员赴韶关市北江中学参加了由广东教育学会教育评价专业委员会组织的"义务教育英语学业评价高级研修班"学习活动。活动主题为义务教育英语学业质量评价的目标体系构建、评价任务设计方法与技术、"教—学—评"一体化的实施。研修内容包含主旨报告、圆桌论坛、专题讲座、优秀案例等形式，通过"学术引领—现状剖析—案例分享"详细理解义务教育英语学业评价的理论与实践。韶关市曲江区实验小学林海英老师的校本团队致力于信息技术2.0能力点与英语多模态教学的融合，关注学生学业质量的评价。

上海外国语大学梅德明教授提出："通过研读学业质量评价重要文件；在厘清评价概念的同时，教师要逐渐形成"教—学—评"融合观，要以核心素养为纲，制定明确的教学目标，然后对标学业质量，从而改进育人方式，最终促进学生成长。"

英语教师理解学业质量标准的内涵需要把握核心素养、学段目标、课程内容、问题情境、学业成就等要素，确立素养本位的教育质量关。教师要关注教育评价的基本类型，分别是诊断性评价、形成性评价和终结性评价，要以学定教，以教定评，依据课标，执一统众。英语教学评价应遵循五大原则：第一，教学评价的核心应以学生全面发展其核心素养为最终目标；第二，评价过程中应充分尊重和发挥学生的主体性；第三，评价方法和手段应多样化，展现多角度、多层次、多形式的特色；第四，评价时还应着重考虑学生的持续发展能力；第五，必须关注学生的个性化差异，确保评价的公正性和针对性。

华南师范大学徐曼菲教授提出：英语"教—学—评"的一致性，也可体

现"教—学—评"是一个不可分割的三维体，在课堂教学中，要根据学情制定指向核心素养要求的育人目标，评价要联系教学才能形成解决问题的能力。"教—学—评"一体化要落实到英语教师课程实施的教学设计上，真正做到"教—学—评"的有机统一和融合。

佛山市南海区特级教师姚达文认为："教—学—评"一体化是相互依存、相互影响的。它们发挥着协同育人的功能，评价也应该镶嵌在教师的整个教学活动当中。教师把握好"教—学—评"一体化设计路径的关键核心就是以终为始，以生为本，逆向设计。这包含四个环节：①确定学习的预期目标；②设计评价任务；③设计学习活动；④关注学习的成果。

韶关市教育科学研究院吴秉健认为：回顾信息技术赋能教学和评价，技术能更容易推动评价的开展。因为老教师普遍经历了第一阶段，即计算机辅助教学；中青年教师经历了第二阶段，即互联网资源的利用；新教师刚入职就面临第三阶段，即教育教学的数字化转型。技术由于能伴随教、伴随学，所以才能伴随评价。技术伴随教与学，学生就能运用技术学习终端测试来进行评价，学生与资源互动能产生数据，这就是教学的伴随评价。技术能替代教科书，增强多模态资源的功能，超越文本，数据产生的过程就是评价发生的过程。教师根据评价数据可以调整教学、重构教学，这是因为技术评价具有很强的时效性。在教研沙龙中，吴秉健还举例说明利用问卷星的资源让学生参与资源的加工，体现了技术赋能评价的方式。

华南师范大学黄丽燕教授认为：学业质量评价应该有三个导向，即目标标准的导向、学生为本的导向、学校的导向。其中，学生为本的导向是基于学情分析的。首先，英语教师要了解课堂评价的背景状况；其次，阐明课堂评价与"教—学—评"一体化的关系；最后，基于单元评价实践案例分析，提出义务教育英语学业评价体系构建、课堂评价设计与实施的指导思想和技术纲要，为一线教师提供理论引领，同时也具有实操性。在促进英语课堂教学的循证反思方面，要加强英语教师课堂的"教—学—评"一体化，助力课堂评价标准落地落实。

湛江市小学英语教研员蔡艳莲提出：要从单元视角进行单元评价设计——以人教版《英语》三年级上册（三年级起点）Unit 6的评价为例。首先，基于单元评价的概念界定，通过问卷访谈等方式收集数据以详细了解学校、教师和学生的基本情况，分析单元评价的主要问题。其次，从单元评价前、中、后找出思路与对策，以评价目标体系为引领不断完善，开展诊断、反思，探索多元评价，提高评价效益，发展学生的核心素养。最后，测试的真正价值应体现在：通过具体情境作为测试载体，以典型任务为测试核心，使学生能够调动其所积累的知识、关键技能、学科素养以及价值观念等综合素养，作为其解决问题的动力。在这样的测试环境中，学生需要运用自己的辨析、思维和探究能力去分析情境，深入思考问题，并最终找到解决方案。教师设计的优质试题能全面、准确地检测、诊断、评价教师的教学质量和学生的学业水平，亦能反哺课堂，改进教学方式，把握教学方向，培养学习自信，调控学习方法。

学科基地学校通过理论和案例进一步了解了义务教育英语学业质量评价的目标体系构建、评价任务设计方法与技术、"教—学—评"一体化的实施方法。省学科教研基地要培养教师单元评价设计的能力，以及单元评价后的分析能力、反思能力和教学改进能力。

第二节　始兴县实验小学校本教研实践

始兴县实验小学秉承"求真务实促发展，打造特色创一流"的办学理念，以"求实、勤奋、开拓、进取"为校训，弘扬"严谨、乐教、协作、创新"的教风，践行"扎实、乐学、多思、勤练"的学风，坚持"勤、诚、做"的校风建设，努力把学校建设成为现代化、高质量、高效益、有特色的教育技术实验学校。其作为英语学科省教研基地学校，始终坚持"学思结合，积极践行"的教研理念。

一、强化学科教研组队伍建设

始兴县实验小学是国家电教技术示范校、省信息化建设中心校、韶关市教师信息技术能力提升工程2.0示范校、韶关市教育科研先进单位、始兴县教育集团核心学校。该校英语学科教研组共有英语教师12人，是一支朝气蓬勃的教学团队。始兴县实验小学英语学科教研组秉持"激情、创新、凝聚、分享"的教育教学理念和价值观，基地校分管领导及负责人为吴吉群；基地核心成员有陶斯琴、饶燕萍、邓优福；基地一般成员包括钟祥华、李文清、华美如、陈兰英、刘照银、沈娟、邹琴瑶、吴碧云、张玉玲、卢伟优。在学校的大力支持和引领下，英语学科教研组教师积极进取，不断更新教学观念，具有较好的工作执行力，共建乐于施教、勤于学习的教研文化，激励每位教师跳出教学舒适区，不断挑战自我。

（一）校本研训要充分发挥教师个人和集体的作用

要提高校本研训的质量，学科教研组教师就要做到知行合一，研训一体。尤其要充分发挥教研主体参与策划和组织实施研训活动的主观能动性。

1. 学科教研组不仅重视教师的个人学习和自我反思，更着重于推动教师间的专业交流、协作与共享。我们致力于打造一个环境，让教师们能够相互分享教学经验，彼此借鉴学习，提供和接受支持，以实现共同成长。为了防范并消除教师孤立工作、缺乏支持的情况，我们倡导科学探索的精神，努力营造一个追求真实、注重实效、严谨治学的教研氛围，旨在提升教学和教研的整体质量。

2. 学科教研组将充分发挥其组织功能和团队协作精神，致力于解决常规教研活动形式化的问题，使学科教研组真正成为推动校本研修的核心力量。在每个学期初，学科教研组会根据学校的整体教学规划来制订自己的教研计划，并坚持每周进行一次教研活动。我们的活动将集体学习与小组讨论、理论学习与实践研究、常规教研与专题讨论有机结合。我们严格执行"时间、地点、人员、内容"四方面的落实，并详细记录每次的教研活动。除了常规的集体备课、作业批改讨论以及每学期的专题研讨外，我们还要求每位教师每学期都在组内进行一次公开课，按照说课、授课、评课的流程进行。为确保活动的顺利进行，每次活动都会设定主持人和中心发言人，中心发言人的角色由组内教师轮流担任。教研活动主要包括磨课、说课、上课、听评课、讲座、读书分享主讲等，并且正在不断丰富，让每位教师都有机会表达，让所有教师都参与其中。

（二）教研活动促进英语教师专业发展

1. 注重青年教师的培养和其专业发展。在教研中，重视"师徒结对"活动，师徒适时进行分享、总结。让经验丰富的教师上示范课，新教师上"达标课"，确保新教师能够迅速掌握英语教学模式，保证课堂效率。经验丰富的教师带领年轻教师共同进行课题研究。

（1）青年教师说课、评课：学科教研组内有经验的教师作为比赛的评委，认真聆听，细心观察、点评。

（2）青年教师模拟上课：通过活动，可以看到青年教师的活力，见证青年教师教学水平的提升，也让所有教师对自己有了新的要求与认识，以不断提高自己的课堂教学能力，促进学生的全面发展。

2. 课题合作，协同教研，共同进步。教师们可以基于共同感兴趣或感到困惑的问题，自发地组成小组，进行深入交流和研讨，以强化彼此间的合作，实现经验和知识的共享。

3. 推动信息技术与学科教学进行融合。我们在2.0信息技术工程能力点、

"爱种子"平台、希沃平台、"双师"课堂等的运用方面不断提升能力。

二、基地学校教学实践探索

课程改革的核心理念在于以满足学生多样化、个性化的兴趣和发展需求为导向。通过信息技术的支持，我们对课程结构进行了优化，扩充了课程内容，重新构建了课程形态，并对教学过程进行了实时监测。这一系列举措推动了国家课程的校本化实施，使学科课程更具层级性，地方课程更加主题化，同时让校本课程凸显其特色。

新课堂则着重于利用信息技术来重塑教与学的理念，重组教学结构，重构教学内容，再造教学流程，并重建教学模式。我们的目标是构建以学生为中心的全新教学关系，以此推动"课堂革命"。在这场革命中，信息化教学应用和课程与教学的创新成为重点，课堂革命正是我们追求教学变革的关键所在。

（一）信息技术与学科教学融合

始兴县实验小学英语学科教研组积极开展基于"多模态的小学英语教学"的实践研究。根据实际学情，积极把信息技术与学科教学进行深度融合。

1. 聚焦"基于希沃白板"课例观摩：2021年11月9日，英语学科教研组所有成员聚集在一起开展了教研活动，此次活动也是"基于希沃白板"课例的观摩分享活动，活动在学科教研组集体磨课、精心组织下取得了一定成效。

2. 聚焦"双师课堂"课例观摩：刘照银老师执教了一节"双师"课堂，授课内容为人教版《英语》三年级上册（三年级起点）Unit 4 We love animals Part B Let's learn & Let's do，采用校内外"双师"教学模式，展示了不一样的"双师"教学课堂，让人耳目一新。近两年来，"双师"课堂已经成为教育界的明星产品之一，受到教育业界内的一致好评。"双师"教学模式是教育和科技相结合的一种教育模式，是由一位名师进行线上远程教学，另一位普通助教老师负责线下互动、辅导教学的线上线下协作混合式的教学模式。

3. 聚焦"信息技术'爱种子平台'与英语教学融合展示课例"：邓优福老师展示了一节公开课，人教版《英语》四年级下册（三年级起点）Unit 4 At the farm Part A Let's talk。邓老师经验丰富，课堂节奏把控能力强，教学设计巧妙有趣，使全体学生都能全身心投入课堂学习中（见表5-2-1）。

表5-2-1 始兴县实验小学英语基地学校典型课例

类型	课例内容	授课教师
"爱种子"教学模式在小学英语对话课中的探索与实践	人教版《英语》四年级下册（三年级起点）Unit 4 At the farm Part A Let's talk	邓优福
"双师课堂"在小学英语对话课中的实践	人教版《英语》三年级上册（三年级起点）Unit 4 We love animals	刘照银
"希沃"在小学英语对话课中应用的探索与实践	人教版《英语》五年级下册（三年级起点）Unit 5 Whose dog is it?	李文清
信息技术与英语学科融合课例	人教版《英语》四年级上册（三年级起点）Unit 5 Dinner's ready Part A Let's talk	陶斯琴
"双师课堂+希沃"在小学英语词汇课中的实践	人教版《英语》三年级下册（三年级起点）Unit 5 Do you like pears? Part A Let's learn	沈娟

成果突出：卢伟优、李文清获2021年始兴县青年教师能力大赛一等奖；卢伟优老师获得2021年韶关市青年教师能力大赛二等奖；饶燕萍老师在2021年韶关市教育信息化交流展示活动中获一等奖，在2021年全市中小学英语融合创新课堂教学模式的论文和精品案例征集评选中获得三等奖；等等。

（二）英语组教师积极进行课例研究，完善备课制度

课例：李文清老师市级（省基地校）送教课例研讨人教版《英语》五年级下册（三年级起点）Unit 5 Whose dog is it? Part B Let's try & Let's talk.

1. 教材分析。本课的内容是人教版《英语》五年级下册（三年级起点）Unit 5 Whose dog is it? Part B Let's try & Let's talk。该课分为三部分：第一部分是通过Let's try的听力引出本课时的主要人物Chen Jie，Sam和小狗Fido，并且让学生对现在进行时的动词"-ing"形式sleeping有所了解。第二部分Let's talk进入对话的学习，学习句型"Is he drinking water? /Yes, he is. /No, he isn't. He's eating."，通过多模态的教学资源进行对话教学。第三部分Look and say让学生用本课时的句型进行对话讨论。

2. 学情分析。本单元的教学对象是小学五年级的学生。他们已经积累了一

定的词汇和句型，有较好的语音语调和语言基础，并且基本养成了英语学习习惯。大部分学生对英语学习有浓厚的兴趣，有较强的表现欲，对新鲜事物有强烈的好奇心和求知欲。

3. 教学目标。根据学生发展核心素养，并结合本单元的实际教学内容与学生的实际学习情况，确定本课的教学目标如下。

（1）语言能力。能够听、说、读、认现在进行时的单词：eating，drinking，sleeping以及句型：Is he drinking water? /Yes, he is. / No, he isn't. He's eating.，并在实际情境中运用句型询问以及回答他人是否正在做什么。

（2）学习能力。了解宠物狗的一些习性，能够用重点句型简单说出宠物狗正在做的事情，并能够从中学会爱护动物，保护生态环境。在自主学习和小组讨论中，锻炼口头表达能力。

（3）思维品质。能够运用所给材料提出和回答问题。

（4）文化意识。培养学生关爱动物，保护动物，学会与自然和谐共存。

4. 教学重点、难点。能够听说认读sleeping，eating，drinking等单词，并在教师和对话的提示下在语境中运用"Is he drinking water? / Yes, he is. / No, he isn't. He's eating."进行对话。

5. 教学用具准备。希沃课件。

6. 教学方法。①任务教学法：学生在完成任务过程中能提高综合语言运用能力和小组合作能力。②情境教学法：创设不同的情境，让学生在不同的情境和对话中加深对知识的理解，提高英语学习的兴趣和积极性。

【概述】

本课是人教版《英语》五年级下册（三年级起点）Unit 5 "Whose dog is it?"，本单元共6课时，本课是第4课时。

【设计理念】

以言语交际为中心，借助多模态教学资源，努力为学生创设理想的英语学习环境，采用任务型教学方法，能让学生把所学的内容联系实际，在生活中运用，提供丰富的网络资源，倡导体验、实践、参与、交流与合作的学习方式。

【教学目标】

1. 理解"Let's try"部分中描述动物正在进行的活动的句子。

2. 牢固掌握以下对话和关键句型："Where is Fido now?" "Is he drinking

water?""Can I play with him now?""Of course. Come here."此外，学生还应能运用"Is he drinking water?"这一句型，以及对应的回答"Yes，he is."或"No，he isn't. He's eating."来询问他人是否正在进行某项活动，并能对这类问题给出肯定或否定的答复。

3. 具备描述他人当前活动的能力。

【教学重点和难点】

1. 教学重点：能听录音、看视频、看文本、说对话，并完成相应的练习题。

2. 教学难点：能熟读对话和灵活地进行句型替换练习。如：Is he drinking water? Yes，he is. / No，he isn't. He's eating.

【教学准备】

英语资源、希沃课件。

【教学过程】

1. Step 1：热身（Warm-up）

（1）T：Hello，boys and girls. I'm Miss Li. Welcome to my class.

（2）T：Before the class，I want to know you. How are you? What's the weather like today? What can you do in a sunny day?

（3）T：Wow，you can do many things. What about this things? Look at the pictures，if you can do it，you can say I can...I will show you first，I can sing（做动作）.

让学生自己说第二幅图以及后面的图片的内容，比如The second picture：I can...

（设计意图：通过创设学生真实生活中出现过的情境，引导学生复习旧知，同时导入新课。）

2. Step 2：新课展示（Presentation）

（1）Lead in：T：Look，this is a new friend for you. Do you know him? He is Chen Jie's dog Fido. And you know，dogs are our friends，so we can call dog he or she. OK，let's make friends with Fido now.

（2）T：First，let's get to know Fido. What is he doing? He is eating.（eating，多读2遍）

（3）T：Chen Jie is taking photos of him. He is drinking... He is sitting... He is sleeping...

（4）T：Oh, here comes a boy Sam, he wants to make friends with Fido too. He is calling for Chen Jie. Do you know what are they talking about? Please open your book on page 51. Sam wants to know where Fido is now. There are three pictures. We can guess the places. Maybe, he's in the living room, in the...

OK, let's listen and tick out the right picture. Here we go.

（5）T：Who knows? Is it right? Let's check the answer together. The answer is here. And, what is Fido doing? He's sleeping. You can also say, "He is sleeping."

So, Sam can play with Fido later.

（6）T：Later, Sam goes to Chen Jie's home. Where is Fido now?

Is he drinking water? Let's watch and help him answer the questions.

Who wants to have a try? Well done!

（7）T：This time, can you help me? Look at the picture. Is he...? She is a girl. Is she...?

（8）T：The last question about the dialogue. Can Sam take Fido to the park? Let's listen and answer it. Of course. It means sure. Oh, Sam is taking Fido to the park now. Do you want to go with them?

（设计意图：创设不同的情境，让学生在不同的情境和对话中加深对知识的理解，提高其英语学习的兴趣和积极性。）

3. Step 3：巩固提升（Consolidate）

（1）T：You should finish the tasks then you can go with them.

Task. You should listen to the dialogue and imitate it fluently.（指着Tips）Wow, you are doing a good job. You should read it in groups. You should do the role play.（亲切地指着其中一个学生）You are Sam and she will be Chen Jie. OK, who wants to show it? Very good!

（2）T：Well, We can go to Task 2 "Try to retell.". You should close your books first then try to say it out. First, let's retell together. OK, who wants to have a try? Please! Excellent!

（3）T：The last task "Guess and Say.". Look at me. I'm holding on a picture.

（展示图片，然后快速遮挡，开始一人分饰两角进行对话）

So, do you know how to do it?（学生拿起课前下发的图片）Here we go.

OK, it's the show time. Let me have a look, you two please. Big hands. Oh, we can go to the park to play with Fido now, let go.

（设计意图：设置由易到难的任务，让学生掌握对话。）

4. Step 4：知识拓展（Extending）

（1）T：Look, Fido and Sam are in the park. Can you hear?

Chen Jie is calling for Sam. What are they talking about?

She wants to know Fido's position. Oh, you see, Fido goes everywhere.

（2）T：Here is a dialogue. You are holding on one of the pictures then you can use it to finish the dialogue.

（3）T：OK, let's show it. Show your picture first.

（4）T：We met a new friend Fido today. He is a dog, right?

I will show you a short video about guide dog. We should love and protect them.

（设计意图：让学生做本课相关知识点的任务，巩固所学知识，丰富语言知识，并从中学会爱护动物，保护生态环境。）

5. Step 5：总结提升（Summary）

What have we learned today?

（设计意图：培养学生自主总结的能力，让学生巩固所学知识。）

6. Step 6：作业设计（Homework）

（1）Listen and repeat the dialogue. 听并跟读对话。（必做）

（2）Visit a friend who has a pet, and make a new dialogue. 拜访一位有宠物的朋友，并创编新对话。（选做）

（设计意图：通过学生感兴趣的事物来帮助他们巩固新知，选择性的作业适合不同程度的学生。）

【板书设计】

Unit 5 Whose dog is it?

Where is Fido? He's in the kitchen.

Is he drinking water? Yes, he is. / No, he isn't. He's eating.

Can you take him to the park? Of course!

【教后反思】

本课的内容是人教版《英语》五年级下册（三年级起点）Unit 5 Whose dog

is it? Part B Let's try & Let's talk。语言能力教学重点是学生能够听说认读现在进行时的单词：sleeping，eating，drinking 以及理解和运用句型：Is he drinking water? / Yes, he is. / No, he isn't. He's eating. 本课的亮点如下：

1. 歌曲开篇，引入情境。为了缓解学生刚上课时的紧张状态，我通过和他们进行freetalk，活跃了课堂气氛，迅速吸引了学生的注意力，并且激发了他们的学习兴趣，并且通过引出已学的关于兴趣爱好的知识引出本课学习的动词，为下面的教学环节做好铺垫。

2. 单词教学多样化，词不离句，由浅入深。通过认识新朋友Fido，看一些关于他的图片和视频呈现新单词，避免了单词教学的单调与枯燥，通过创设Chen Jie和Sam打电话谈论Fido以及Sam带Fido去公园的情境，激发学生的学习兴趣和求知欲。先由单词的原形再到动词加"ing"的形式，再结合句子读，如：Is he drinking water? / Yes，he is. / No，he isn't. He's eating.

3. 为了帮助学生更好地理解和掌握特殊动词的变化规律，我们采用了多种形式的操练方式。这些方式包括师生互动问答、AB小组之间的互相提问，以及小组内部的成员间相互提问和回答。这样的设计旨在为学生创造一个充满趣味、轻松活泼的学习环境，使他们在这种氛围中愉快地练习和巩固特殊动词的变化。但是这堂课也存在一定的不足。如可以更科学、合理、有序地安排教学环节，以保证教学活动的顺利开展、教学目标的有效达成。教学之路，"漫漫其修远兮，吾将上下而求索"。

三、多模态课题研究赋能英语学科教研组教师专业发展

聚焦高效课堂建设，英语学科教研组教师将课题研究融入课堂，与课堂教学的实践进行有机整合。2021年11月，英语学科教研组省市课题协同研究的"智能教学环境下的小学英语跨学科单元主题实践研究""基于小学英语多模态任务型教学模式研究"和"基于智能教学平台的小学英语对话教学模式的应用研究"获得韶关市教育科研课题立项证书（见图5-2-1）。

第五章
基于多模态的英语校本教研实践

图5-2-1 刘照银、沈娟老师立项目的省级课题证书

（一）理论引领教学实践，英语学科教研组教师积极撰写论文

为提高教师的专业理论，聚焦英语教学与教研的能力，英语学科教研组以专业为基础，以名师为引领，坚持英语学科教学研究写作，助力教师专业成长。

邓优福老师撰写的论文《基于语言能力发展的小学英语多模态作业设计策略》（获始兴县一等奖），对"双减"政策下如何减轻学生的作业负担做出了思考和分析，提出设计"音频"模态作业，发展学生的听说能力；设计"影像"模态作业，发展学生的表达能力；设计"图文"模态作业，发展学生的读写能力；设计"合作"模态作业，培养学生的交际能力；等等。从教学现状深度分析，通过多模态作业的布置去提高学生听、说、读、写等方面的技能。多模态的作业不仅有利于巩固学生的所学知识，更有利于发展学生的创造性思维，提高学生的综合语言运用能力。

饶燕萍老师撰写的论文《信息技术支持下的小学英语多模态评价策略》（获市一等奖）提出：信息技术支持下的多模态教学评价，精准分析学情，为教学设计提供科学的事实依据，提升教学效率；多模态教学评价以多元化评价激发学生学习的兴趣、信心，有效促进学习；多模态教学评价以开放性评价打造学习关系链，优化学习关系网，形成教育合力，加大教育力度；多模态教学评价以多维度评价勾画成长轨迹图，使教学反馈更全面、立体，有助于学生反思和调整学习行为，有助于教师反思和改进教学行为，实现教学相长，提升教学质量。信息技术支持下的多模态教学评价可以赋能小学英语教学，提升教学质量。

（二）发挥校本研训示范引领作用，助推集团校高质量教研

英语学科教研组积极开展教学共研，进行集体备课、磨课、送课交流等研训活动，促进集团化办学的四校在学科教学上实现共同发展。在集团校学科教研组组长会议上集体备课，进行讨论、交流，并落实到位。教育集团校间的英语教学交流精彩纷呈。英语学科教研组组长将资源共享，集团校之间充分借助教育信息化的力量，整合优质资源，共享教学设计、教学课件、作业与练习、导学案等教学资源，核心校和各成员校相互促进，共同提高。

1. 线上基地核心成员通过钉钉群进行教学示范引领

为了促进信息技术2.0与英语教学深度融合，教研基地学校教师主动将信息技术手段融入教学中，大胆尝试在多模态资源支持下开展小学英语课堂教学。2022年7月30日晚，韶关市省级小学英语教研基地学校韶关市始兴县实验小学开展了以"多模态教学在小学英语课堂中的应用"为主题的线上教学研讨直播分享活动。此次活动通过钉钉直播的方式，在广东省吴秉健名师工作室网络学员、英语多模态教研和韶关市小学英语教研基地的钉钉群三群同步进行了直播分享。

第一讲是韶关市基地学校始兴县实验小学的张玉玲老师分享的"多模态教学在阅读教学中的应用"。她从什么是多模态教学（What）、为什么要多模态教学（Why）、怎样去实施多模态教学（How）三个方面展开。张老师指出，在小学英语阅读教学中合理地运用多模态进行教学设计，不仅能充分挖掘已有的文本资源，还能使教学设计与材料相得益彰，达到最佳的教学效果，使学生真正理解文本、学会阅读方法、体验阅读的乐趣。在人教版《英语》五年级上册（三年级起点）"Unit 1 What's he like? Part B Read and write"语篇阅读课例中，她有效借助了图片、视频、音频和文字等多模态融合的方式，创设主题情境，丰富了学生的学习活动，提高了学生的思维品质。

第二讲是韶关市始兴县隘子中心小学廖洁婷老师分享的"多模态教学在写作教学中的应用"。她分享的内容主要有：多模态的理论知识，多模态教学在英语教学运用中的理论依据，多模态与写作教学案例分析。在人教版《英语》五年级上册（三年级起点）Unit 5 There is a big bed Part B Read and write教学案例中，廖老师从动态视频、音频视觉听觉模态，图片、板书、思维导图视觉模态，以及身体语言动觉模态三方面结合写作案例来具体分析多模态的写作教

学，从而将英语由枯燥变为有趣，将课堂由沉闷变为活跃，使学生由被动变为主动，提高学生的多元识读能力及听说交际能力。

第三讲是始兴县太平镇中心小学肖欣老师带来的"小学英语语篇多模态教学探索"。肖老师从多模态教学的内涵及优势、新课标中的语篇学习和探索小学英语语篇的多模态教学方面展开分享。在多模态教学中，可利用多模态资源及手段创设英语语篇情境，培养学生的语篇综合学习能力，运用多模态教学提高英语课堂中语篇的教学效率。

第四讲是由来自始兴县司前赓靖学校的黄雪芬老师带来的"多模态教学在词汇教学中的应用"。在多模态与词汇教学案例中，黄老师把它分为四大类：第一类主要是以视觉模态为主的词汇教学方式，通过图片、实物、视频开展教学；第二类主要以听觉模态为主，通过歌曲、歌谣、听声音、听力训练进行词汇教学；第三类主要以触觉模态为主，通过触摸、动作等方式教学；第四类是游戏教学法，融入多种模态。她在最后建议教师不仅可以在课上运用多模态的形式进行词汇教学，使用多种教学辅助工具进行多模态的词汇讲解，给学生带来视觉、听觉等多重感官体验，同时也可建议学生课后合理运用手机、电脑等移动终端，有效提高词汇学习效率。

始兴县教研员卢北梅老师希望参加直播分享使得教师能充分调动学生的积极性，开展高效学习。直播研讨活动让全体教师加深了对多模态教学的认识，通过积极探索培育英语多模态课堂教学范式，以精品课例促进小学英语课堂转型，从而助推教师的专业发展。

2. 学科教研组成员参加线上学习"南方教研大讲堂"学习心得

韶关市始兴县实验小学参加广东省教育研究院《义务教育英语课程标准（2022年版）》培训活动的心得体会如下。2022年4月27日，英语学科教研组全体老师线上参加了广东省教育研究院"南方教研大讲堂"《义务教育英语课程标准（2022年版）》解读培训活动。专家从课程建设根本遵循、英语课程基本性质、核心素养统领课程、构建英语分级体系、科学组织教学内容、推进教学方式变革、倡导多元教学评价、充分利用信息技术等方面进行了解读。在培训中，专家强调推崇全人教育理念，强调课程设置应有益于每位学生的身心健康，助力他们形成良好的品质，并培养他们终身学习的能力。新的课程改革主张建设性的学习方式，重视科学探究在学习中的深化作用，同时注重学习过程中的个人体验。此外，倡导学生之间进行交流与合作，鼓励自主创新学习，以此更全面地促进学生的个人成长。

3. 教育集团校坚持校本协同教研，打造教研共同体

始兴县实验小学向太平镇中心小学、司前瓿靖学校、隘子镇中心小学辐射引领，通过送教活动提升这三所学校的教学水平。2021年以来，开展了"始兴县实验小学集团校教学研讨"系列活动，司前瓿靖学校黄雪芬老师承担了人教版《英语》五年级上册（三年级起点）Unit 6 In a nature park（"爱种子"项目）的教研任务。太平镇中心小学的赖丽老师承担了人教版《英语》五年级上册（三年级起点）Unit 6 In the nature Park Part A Let's learn的教研任务，将英语教学与生活紧密结合，通过听、说、认、读等环节，引导学生掌握关于大自然中自然公园里面的mountain、hill、lake、river等单词，以及"Is there...?"句型的问和答，并在真实情境中运用。赖丽老师的课例人教版《英语》五年级下册（三年级起点）"Unit 5 Whose dog is it? A Let's learn"，呈现单词的音、形、义、用，还在课堂上渗透德育教育，让学生画出自己喜欢的自然公园，培养学生热爱祖国、热爱大自然的情感，给整节课添加了色彩（见图5-2-2）。

图5-2-2 始兴县实验小学英语集团教研活动现场

第五章
基于多模态的英语校本教研实践

隘子镇中心小学的廖洁婷老师在实验小学上了展示课：人教版《英语》五年级上册（三年级起点）Unit 5 There is a big bed Part A Read and write。始兴县实验小学卢伟优老师送教到司前庚靖学校，进行课例人教版《英语》六年级上册（三年级起点）"Unit 5 What does he do？"展示活动，充分展示了信息技术与学科教学的有效融合。教师发展中心的教研员和共同体四校的领导全程参与教研活动。实验小学邓优福老师承担了人教版《英语》四年级下册（三年级起点）"Unit 2 What time is it？Part A Read and write"信息化2.0研讨课，向集团校对应学科的师生展示了先进的课堂教学信息化技术运用的方式方法与模式，实现了"依规善导真知献，激趣勤精旧学扬"的效果，深受司前庚靖学校学生的喜爱，也得到了集团校教师的赞誉。司前庚靖学校董印秀老师承担的人教版《英语》四年级下册（三年级起点）Unit 5 My clothes Part B Let's learn的教学课例，让学生着重观察衣服的颜色，进而引导学生复习之前学过的颜色单词，再以小组讨论的形式创设去"三亚"和"哈尔滨"的情境，让学生合作挑选衣服，体验用语言做事情和学习英语的乐趣（见图5-2-3）。

图5-2-3 始兴县实验小学英语集团教研活动现场

丰富的教学实践活动、各种教研活动，充分发挥了始兴县实验小学教育集团校的示范引领作用，推动了集团校教研共同体的发展，有效提升了集团校教师的教学能力。

（本节内容主要执笔人：始兴县实验小学　陶斯琴　邓优福　饶燕萍）

第三节　武江区红星小学校本教研实践

韶关市武江区红星小学坚持以"向往教育"为内核,秉承"红星照亮一生"办学思想,着力培养"习惯良好有品质,基础扎实有潜质,兴趣广泛有特质"的文明、好学的"红星人",达成"红星闪闪亮,颗颗放光彩"的办学追求。英语学科省教研基地学校始终坚持"修身致远、同心畅行"的教研理念。

一、基地学校学科教研组教研文化

韶关市武江区红星小学英语学科教研组有教师6人,是具有较强团结协作精神和强烈事业心的教师团队,也是一个教研文化氛围浓厚、和谐的学习型和研究型的集体。多年来,学科教研组在教学和育人方面取得了丰硕的成果,在区域内外具有良好的声誉。该团队年龄结构合理,不仅拥有经验丰富而敬业的中年教师,还有朝气蓬勃、积极向上的青年教师;该团队业务能力突出,教师都具有独立处理教材和娴熟驾驭课堂教学的能力和较高的英语教学素养(见图5-3-1)。

图5-3-1　武江区红星小学英语教研成员组合影

教研文化是教师成长的土壤，它能在深层次上对教师产生影响，或制约或促进教师的专业发展。对于一所学校而言，"教研文化"是教师在长期实践和探索中共同形成的思想、价值导向和精神风貌，体现了教师对教育的热情、科学态度和经验，是推动学校教学工作持续发展的动力。它包括精神、物质、管理和活动四个方面的文化，是学科教研组成员共有的行为规范、价值观和工作方式。

（一）学科教研组的精神文化

精神文化是学科教研组文化的核心和精髓，它位于学科教研组文化的最顶层，主要包含学科教研组的历史积淀、成员共同认同的文化理念、价值观念以及生活观念等。这种文化深层次地反映了一个学科教研组的本质特征、独特个性和整体精神风貌，并通过教风、学风以及成员间的人际关系等具体方面得以展现。

红星小学英语学科教研组紧紧围绕学校办学思想体系搞好学科教研组建设：以"向往教育"为内核，秉承"红星照亮一生"办学思想，着力培养"习惯良好有品质，基础扎实有潜质，兴趣广泛有特质"的文明、好学"红星人"，达成"红星闪闪亮，颗颗放光彩"的办学追求。

英语学科教研组在确保与学校文化方向一致的前提下，结合英语教师的个人发展意愿，构建了符合自身特色的共同发展目标，并明确了核心价值追求。其构建过程包括：调研关键问题、成员研讨目标愿景、广泛征求意见、反馈修改并确定最终愿景。学科教研组提出"研、训、教结合"的模式，并设定了建设目标：在保持共性的同时凸显个性，通过协作促进发展，进而形成民主、合作、务实的学科教研组氛围。每位成员也设定了个人发展愿景，如敬业、进取、团结、提升教学能力等。这一共同愿景不仅凝聚了学科教研组，还起到激励、引导和规范作用，为学科教研组工作的顺利开展提供了保障。

（二）学科教研组物质文化与活动文化的构建

学科教研组的物质文化不仅体现在研讨场所、教材、教具等硬件上，还包括教案、课例等文化产出。活动文化则通过听评课、主题研讨等教研活动来展现，旨在提升教师的理论水平和教学能力。

红星小学英语学科教研组利用"钉钉"、腾讯会议进行网络教研，如公开课直播、读书分享等。学科教研组还推荐理论学习文章，鼓励成员加强学习，并订阅相关期刊，要求成员选读书籍并交流心得。同时，学科教研组结合个人和课题研究进行反思与总结，形成学科教研组文化。成员还可以发表论文、案例，并集体备课、评课，互相学习。

这种同伴互助的教研方式为成员提供了有效的交流平台，促进了专业发展，营造了互助共生的学科教研组文化氛围，并为学科教研组积累了丰富的物质和活动文化财富。

（三）学科教研组的管理文化

管理文化是学科教研组文化建设的基石。为确保学科教研组成员的教研行为有明确的指导，学科教研组须制定规章制度，明确组织结构和职能分工，以培育团队协作精神。这些规章制度为成员的教研工作提供了明确的行为准则，包括确定人员、时间、活动主题、方式、程序和评价标准等。

每学期伊始，学科教研组长会制订详尽的教研计划，规划日常教研活动，并针对每位成员的专业发展目标，提出切实可行的实施措施。例如，每周二下午会进行定时、定点的教研活动，并有固定的内容和中心发言人。此外，学科教研组长须敏锐捕捉当代文化精神，特别是强调人的主体性。因此，学科教研组长应深入了解每位成员的特点和专业成长空间，关注其工作和生活，帮助减压并促进其专业发展。学期末，学科教研组长会从文化角度对日常教研活动进行反思和评价，并撰写教研总结。

二、基地学校教学实践探索

红星小学英语学科教研组结合信息技术应用能力提升工程2.0构建多模态协同式教学范式。英语教师要将信息技术2.0能力点融入教育教学中，努力构建适应信息时代的新型教学范式。多模态教学理论强调利用信息技术和多媒体设备，传递经过编辑处理的语言资源和信息。通过视觉、听觉和触觉等多种方式，让学生进行全方位的交流和互动，从而打造一个多模态交融的教学环境和场景。所谓"多模态"，即指不同符号模态的混合，它表示在特定文本中，运用多种符号资源来构建意义的方法。

在教育信息化2.0的背景下，基于多模态教学理论，构建了一种小学英语多模态协同式教学范式。这一模式从外语教学的社会活动建模角度出发，不仅能够有效地激发小学生的学习积极性，还能创造出真实且多样的英语语言环境。

在这样的环境中,学生可以更深入地体验和掌握英语语言知识。同时,这种教学模式还能让学生感受到多模态协同构建的英语交流氛围,从而提升他们的英语交际能力(参考图5-3-2)。

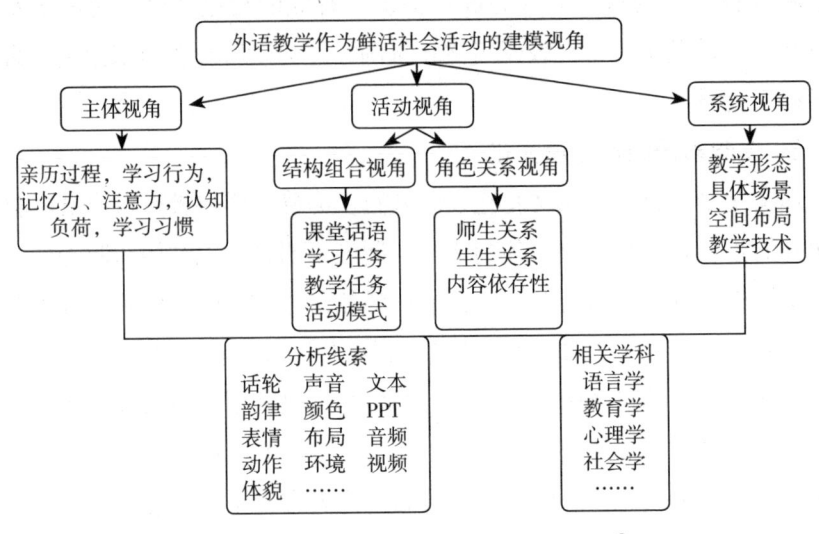

```
                    外语教学作为鲜活社会活动的建模视角
                   ┌──────────────┼──────────────┐
                主体视角          活动视角          系统视角
                   │          ┌────┴────┐           │
           亲历过程,学习行为,  结构组合视角 角色关系视角   教学形态
           记忆力、注意力、认知                          具体场景
           负荷、学习习惯                               空间布局
                           课堂话语    师生关系         教学技术
                           学习任务    生生关系
                           教学任务    内容依存性
                           活动模式
                      分析线索                   相关学科
                  话轮  声音  文本              语言学
                  韵律  颜色  PPT               教育学
                  表情  布局  音频              心理学
                  动作  环境  视频              社会学
                  体貌  ……                     ……
```

图5-3-2　外语教学社会活动的建模视角[①]

(一)多模态小学英语教学资源体系构建

随着信息技术的迅猛发展,它已成为教学资源多样化的关键载体,极大地拓宽了小学英语教学资源的范围,增加了其深度。《义务教育英语课程标准(2022年版)》指出:"教师要充分认识到现代信息技术不仅为英语教学提供了多模态的手段、平台和空间,还提供了丰富的资源与跨越时空的语言学习和使用机会,对创设良好学习情境、促进教育理念更新和教学方式变革具有重要支撑作用。"值得注意的是,多模态涵盖视觉、听觉、味觉、嗅觉和触觉等多个维度。鉴于小学生的性格特点及英语学习的独特性,小学英语教学自然具备多模态特征,融合了文字、音频、图像动画、语言、音乐和肢体语言等多种元素。

因此,在信息化教学的背景下,我们有以下几点要求:首先,在构建小学英语教学多模态教学资源体系时,应重视内容的多样性和丰富性,既要包含能激发学生兴趣的多模态教学资源,也要包含有助于学生实践训练的资源。其

---

① 黄立鹤.多模态范式与后疫情时代的外语教学[J].当代外语研究,2021(1):75-85.

次，体系的构建还须确保结构的完整性，既要遵循课程标准和教学目标，也要保证语言知识点的整体性和相互关联。最后，体系的构建应有利于个性化教学，使教师能根据学生的不同水平和状态灵活选择多模态教学资源，从而彰显多模态教学资源体系的实际效果。简而言之，构建小学英语多模态教学资源体系应着眼于实用性、效率、针对性、趣味性、连贯性和协调性。

（二）多模态小学英语教学任务体系设计

在教育信息化2.0的背景下，小学英语教学需要特别强调培养小学生在多模态协同教学环境中的基础英语交流能力。因此，在设计多模态小学英语教学任务体系时，应注重模态的综合选择和优化整合，以使学生能够通过调动自身多种感官达到学习和运用英语的目的。

教师在设计这一教学任务体系时，应遵循教学内容多样化、具体化和形象化的原则。在选择模态时，应充分考虑是否能够通过多种模态的组合，真实地再现语言环境和交流情境。同时，教师需要依托信息技术，全面了解学生的语言知识结构、兴趣、自主学习水平和能力，以及实际的教学环境和多媒体教学设备，从而通过多种渠道和途径提供语言意义和知识的表达方式。具体来说，如果在实际的小学英语教学中，单一模态无法满足语言交流者的表达需求，就可以使用更多的模态进行适时补充，使意义的表达更加完整、更易于理解。

在设计多模态教学任务时，教师应先充分了解各种模态的特点和优势，然后利用音频、视频、文字、图像和色彩等元素，实施不同模态的协同互补，使多模态教学任务体系更具现实意义。

教育信息化2.0环境下的多模态小学英语教学任务体系主要包括以下四个环节：

1. 通过问题引导和情境创建，利用图像、影片等模态形式配合文字，补充课文背景知识，活跃课堂气氛，拓展学生文化认知，增强学生口头表达能力。多模态教学能有效创设语言情境，让学生通过多种符号资源迅速融入教学环境，发挥其学习潜能和兴趣。

2. 在对话演练和视频模仿环节，视频模态作为语言信息的直接载体，深受学生喜爱。学生可以通过多种感官获取地道的英语发音和表达形式，在愉快的演练过程中构建英语思维模式和表达模式，从而提高英语表达能力和学习效果。

3. 在短文讨论和游戏互动环节，教师可利用多种媒体模态丰富学生的阅读体验,提升学生阅读水平。同时,在课堂游戏中,学生能充分观察、参与互动,在轻松有趣的多模态教学环境中构建自身的语言知识结构和培养跨文化意识。

4.课后巩固和师生交互环节的重要教学目的,是培养学生的语言交际能力。教师要借助多模态手段和多媒体设备以及网络资源,有效开展课外训练,为学生创造语言交际环境。在文字、图像、动画、音频和视频等多模态形式的刺激下,学生能自觉调动多种感官,形成交互式学习模式,提升语言综合应用能力。

(三)多模态小学英语教学评价体系构建

在教育信息化2.0的背景下,构建多模态小学英语教学评价体系对于优化小学英语教学效果至关重要,它深刻影响着小学英语教学的深入改革。当前,建立一个科学且客观的多模态小学英语教学评价体系,不仅能提升小学英语教与学的效率,还能显著提高学生学习的积极性、主动性和创造性。

多模态小学英语教学评价体系的构建主要体现在以下三个方面:评价对象的多元化、评价内容的多样化以及评价方式的人性化。

在实际的多模态教学过程中,评价对象的多元化表现为师生互评、学生之间互评以及师生自评等多种形式,这有效避免了评价对象单一的问题,使得整个评价体系更为全面和合理。在评价过程中,师生角色发生了转变,学生获得了更多表达自我观点的机会,其主观能动性得到了充分调动。学生在教师的引导下参与评价,成为评价的主体,这不仅使评价过程转化为一种多模态的学习过程,还增强了评价的有效性和公正性。

在多模态小学英语教学评价体系中,评价内容的设计应追求多样化,重点评价学生的多项能力,包括语言综合运用能力、语言交际能力、自主学习能力和协作沟通能力等。同时,也应评价教师的信息技术运用能力,例如微课视频制作、多媒体课件制作、操作计算机多媒体设备和相关软件的能力,以及多模态形式(如图像、音频、视频、多媒体设备和网络资源)的优化整合能力等。

而人性化的评价方式则要求在对学生的学习效果进行客观评价时,更多地关注学生的心理状态,多采用鼓励和赞扬的语言。特别需要注意的是,要根据学生之间的个体差异选择不同的评价策略,实施个性化和人性化的评价方式和手段。

简而言之,构建基于多模态理念的小学英语教学评价体系有助于培养小学生的英语学习兴趣和积极的学习态度,同时能促进小学生全方位能力(如语言运用能力、自主学习能力、沟通交际能力和创新实践能力）的提升。最为重要的是，它能激发学生英语学习的积极性、主动性和创造性，从而推动小学英语教学效果的进一步提升和优化。

在教育信息化2.0环境下，将多模态协同理论应用于小学英语教学是提升其教学质量的有效途径。同时，小学英语多模态协同式教学模式的构建也能有效地实现小学英语教学的不同教学目标，从而为小学英语教学的深化改革提供了新的研究维度（参考图5-3-3）。

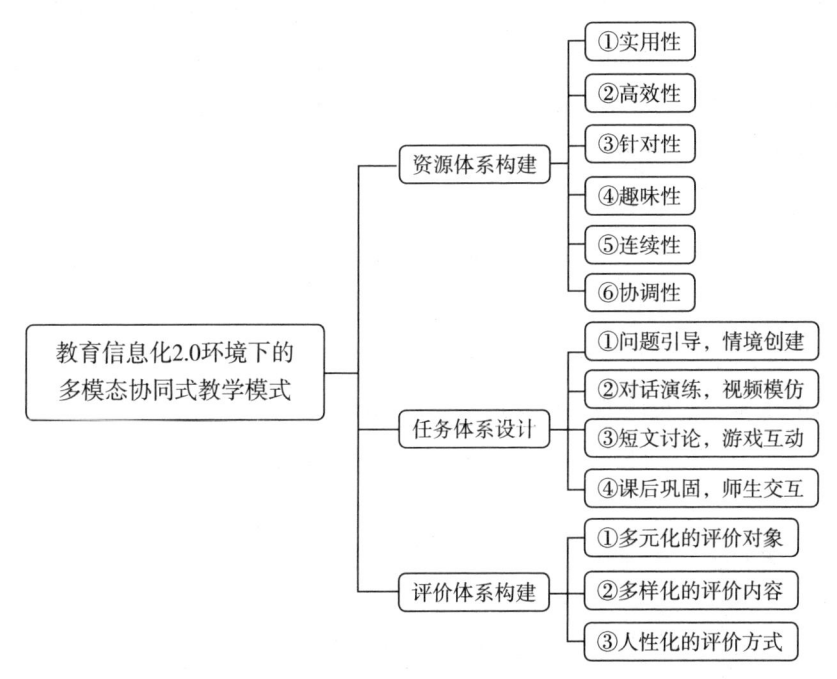

图5-3-3　教育信息化2.0环境下构建的多模态协同式教学模式

三、基地学校教学示范引领

教师队伍的专业水平决定一个区域的教育教学质量，但一个片区教师们的专业素养，不可能处于同一水平线。红星小学英语学科教研组全体教师通过省小学英语教研基地的各项活动，不断更新教学理念，学习新的教学方法，并鼓励一部分专业水平较高的骨干教师通过传帮带的方式带动年轻教师专业素养的整体提升。此外，学科教研组搭建多维平台，助推教师专业成长。在专业发展的过程中，年轻教师由于缺乏经验，对教材的解读、把握、开发、利用不够；因此可借助教研基地活动，为他们搭建多维平台，促进教师教学技能的快速提升。

（一）优化专家示范引领，助推教师专业技能提升

虽然学科青年教师具备诸多优势，但由于教学经验相对欠缺，这在一定程度上影响了学校教育、教学质量的迅速提升。为了使这些青年教师能够更快地成长为能够独当一面的教学骨干，通常需要三到五年的实践历练。在此过程中，专家的引领起到了至关重要的作用。他们不仅为青年教师指明了方向，减少了实践中的盲目性和盲从性，还让教师体验到了教学的乐趣，并培养了自主思考的能力。通过专家的指导，教师们的理论视野得到了拓展，教学改革的基本方向更加明确，同时也明确了需要深入研究和突破的关键问题。这种引领作用有效地发挥了教师的个人优势，并显著提升了他们的教学技能。

作为基地学校，我们主动承担起对青年教师的指导性培训，通过传帮带的方式引导培养对象将教育教学理论、学科知识与工作实践结合起来，在教育教学工作中尽快成长、成熟，逐步形成特色风格。我们扎根于学校教育教学园地，与帮扶对象构建起一个以实践反思、教学创新、科研创新为核心的学习型组织，结合学校日常教育教学工作同步实施培训，施训不脱离工作岗位，从而缩短青年教师的成长周期，较快地提高教师的整体实力，在带教过程中实现教学相长，推动学校学科教学改革，提升教学质量（见图5-3-4）。

图5-3-4　武江区红星小学黄慰老师承担"南方教研大讲堂"课例录播任务现场

（二）发挥科研成果作用，助推区域教育走向优质

课题研究是一个严谨且系统的教育探索过程，它融合了计划、组织、实施和科学方法。我们以课题研究为平台，指导教师从科研中实现教学质量的提升和教育效益的增长，进而增强教师的专业能力。教研工作的核心目标是服务于学校的教育教学，引领课程与教学的创新改革，以达到提升教育教学的整体质量的目的。同时，教研工作也致力于服务教师的专业发展，为教师提供改进教学方法的指导，以提升其教书育人的能力。一支具备高素质、专业化和具有创新精神的教师队伍，是区域教育的核心竞争力，也是推动区域教育向优质发展的关键。在研究过程中，我们不仅注重提升参与教师的专业素养，更重视非传统培训方式的效用。通过引领和示范，以及专业的指导和辐射作用，我们致力于助推年轻教师在专业道路上的成长与发展。

（三）基地学校助力均衡发展

三年来，红星小学英语组探索线上与线下相结合的教研方式，充分发挥省级小学英语基地学校的示范引领作用，与辐射引领学校共同开展教研活动，提升教师信息技术应用能力、学科教学能力和专业自主发展能力，解决课堂教学中的重难点问题，促进信息技术与教育教学深度融合，全面提高教师教育教学能力；使处于不同发展阶段的教师都能得到相应的发展，逐渐缩小教师之间的专业发展差距，缩小学校之间的发展差距，推动区域教学的均衡化发展。

参考文献

[1] 李政涛. 什么是"学科教研组文化"？："教研组文化"系列之一 [J]. 上海教育科研，2006（7）：4-5.

[2] 李政涛."教研组文化"的当代转型："教研组文化"系列之二 [J]. 上海教育科研，2006（8）：21-23.

[3] 潘东良. 新型教研组文化建设刍议 [J]. 江苏教育研究，2009（14）：51-53.

[4] 陈圣白."互联网+"背景下小学英语多模态协同式教学模式的构建与反思 [J]. 中小学教师培训，2019（2）：65-68.

[5] 闫凤玉，张文斌. "名校+"工程实施中应处理好的几对关系［J］. 教学与管理，2021（8）：6-8.

[6] 徐国裕. 一位特级教师的专题式引领［M］. 福州：福建人民出版社，2018.

（本节内容主要执笔人：韶关市武江区红星小学　黄　慰）

第四节　曲江区实验小学校本教研实践

韶关市曲江区实验小学秉着"以人为本，科研兴校，突出特色，全面育人"的办学理念，坚持走内涵式发展之路，加强学校民主科学管理，大力推进名师工程建设，坚持"自我管理、自我约束、自主发展"的教育理念，着力抓好德育和教学的均衡优质发展，弘扬"和乐"校园文化，着力提升校园文化品位。英语学科教研组扎实推进信息技术与小学英语学科教学深度融合，聚焦多模态教学，发挥小学英语信息化教学名校的示范、引领和辐射作用。

一、基地学校英语学科教研组团队简介

韶关市曲江区实验小学英语学科教研组教研气氛十分浓厚，以务实求新、开拓进取的精神对待教学，是充满热情与自信、具有开拓进取和团结互助精神的学科教研组。本学科教研组共有12名英语教师，其中有省小学英语高级教师、省中小学骨干教师、省名师工作室培养对象、韶关市中小学"百千计划"骨干教师、广东省"十一五"课题主持人、广东省中小学英语朗读优秀指导教师，以及荣获韶关市英语论文评选一等奖、韶关市小学英语骨干教师课堂教学信息化作品一等奖、韶关市小学英语教师技能大赛综合素质一等奖、韶关市小学英语教师融合创新实践教学技能大赛一等奖等荣誉的教师、等等。

本学科教研组以培养学生英语核心素养为目标，努力探求科学、高效的教育教学新路。英语学科教研组教师全面推进素质教育，扎实推进信息技术与小学英语学科教学深度融合，将学校的研究重点放在多模态教学的探究上，发挥小学英语信息化教学名校的示范、引领和辐射作用，为学生创造一个"乐学、博学"的氛围，培养学生的自主学习和创新意识。

二、探索校本研训模式，促进教师专业发展

在《义务教育英语课程标准（2022年版）》与"双减"政策的指引下，我们将"研究"与"实践"作为工作重点，秉持着求真务实的工作态度，注重团队协作，共同探索高效率的课堂教学方式。我们的目标是打造一支师德高尚、教育理念先进、专业素养深厚且教研实力雄厚的教师队伍。

（一）"和雅"教研助成长

"和雅乐教"是指教师的教学态度和师表形象。"和"，是教师对学生的情感态度，对待学生要亲切和蔼，友好诚恳，与学生形成师长和朋友的关系。"和"，是教师的高尚美德，是教师人格魅力的体现。"雅"，是指才望高雅，富有才学，享有声望，举止娴雅，不同流俗。叶圣陶先生说："温文尔雅，正是学者的态度。""乐教"，是指教师精神上的专注、投入与奉献，是一种身心和谐、乐教善教的境界。

1. 开展协同研训，引领教师成长。关注理论与实践的协同研训，英语学科教研组教师参加聆听线上专家专题讲座以及外出学习等教研活动。英语教师们通过观看线上直播活动并撰写学习反思，从中汲取新理念与新观点。2021年4月8日，英语学科教研组教师参加了东莞市小学英语"品质课堂·融合创新"暨莞韶对口帮扶直播研讨活动；2021年5月10日，参加了佛山市南海区"小学英语大观念下单元整体教学"的线上教研活动；2021年7月22日，参加了粤教翔云数字教材应用平台使用培训的线上教研活动；2021年8月12日，参加了由省语协外工委组织的广东省名师工作室主持人、韶关市教科院小学教研室主任、正高级教师吴秉健以"英语多模态资源微课设计理念与实践"为主题的线上公益直播培训活动；2021年8月27日，参加了广东省教育研究院举办的"南方教研大讲堂"第7场，以"变革课堂教学方式，落实英语育人目标"为主题的线上教研活动；2022年6月17日，参加了广东省教育研究院主办的第44场"南方教研大讲堂"，以"推进单元整体教学　发展学生核心素养"——广东省义务教育英语学科教研基地成果展示交流活动；2021—2022年度，英语学科教研组教师参加了多场小学英语多模态教研直播群的直播研讨活动。

2. 基于基地申报的课题项目，开展教育科研研训活动。组织英语教研组教师开展共读分级阅读的理论书籍活动。通过阅读王蔷教授等著的《小学英语分

级阅读教学：意义、内涵与途径》书籍和摘抄阅读笔记，不断丰富教师的理论知识，并将其作为指导教师阅读教学的依据。学校购买了语言教学系列理论书籍，开学已分发给每年级教师1~2本相互交换阅读，每月摘抄三篇读书笔记进行分享，夯实理论基础。

3. 基于名师工作室研修任务，拓宽教师专业发展渠道。林海英老师作为省名师工作室培养对象参加了2018年"强师工程"名师工作室入室学员研修班，在广东省陈凤葵名师工作室跟岗学习三年，于2021年4月结业。针对2021年的信息技术2.0提升工程，学科教研组根据所选的三个能力点，将年轻教师分为三个小组抱团前进，带领整个学科教研组共同完成任务。英语学科教研组组长黄有兰老师分别参加了2021年韶关市中小学青年骨干教师专业能力提升培训班和韶关市小学英语教研基地研训活动。

林海英老师和黄有兰老师还是韶关市教育信息化李虹名师工作室的成员，两位骨干教师加强了英语专业能力的提升与广东省基础教育教研基地项目的学习，为推进基地学校项目的建设学习先进的理念和宝贵的经验，引领学科教研组成员共同成长。

4. 聚焦课堂教学主阵地，教研服务课堂实践。以课堂教学为主阵地，以基地学校的教研活动和教学实践中的问题为出发点，围绕特定的教研主题开展主题教研。每次教研活动都体现"四有"——有目的、有主题、有总结、有反思，"四定"——定时间、定地点、定内容、定发言人。教研活动做到人人发言，互动参与，并及时形成教研活动记录上交教导处。

每位科任教师对本班情况进行汇报，分析知识点掌握的情况以及存在的问题，组内讨论，群策群力找对策，促进学科教研组整体提高。备课始终坚持做到紧扣课标、深挖教材，遵循同心协力、资源共享的原则。每次活动围绕"课"开展，不断"备课、上课、评课、反思"。同年级组的教师经常线上线下研讨，各自进行二次备课，有疑问的还可在群里讨论解决。

5. 开展课题研究，携手教师成长。2021年9月，基地学校林海英老师申报了"基于多模态技术支持的小学英语中高年级教材与绘本阅读融合教学的研究"的市级课题，刘志老师作为主持人带领黄有兰老师申报了"微课在小学英语课前预习的应用研究"的市级课题，杜莉琴老师作为课题主持人带领江红缨、张文郁两位老师申报了"以分级阅读促进小学中高年级学生英语阅读素养发展的实践研究"的区级课题。英语教师根据课题以及区域活动积极开展了以课促研的一系列研究活动。

（二）"和合乐学"重实践

"和合乐学"是学生的学习体验。"乐学"，追求的是学生愉悦、快乐地接受新的知识，在快乐的情境中发展。为了激发学生学习英语的兴趣，提高他们的英语综合素养，英语学科教研组精心设计，为学生开展了丰富多样的系列实践活动。

开展各种竞赛活动。英语教师在班里或年级里举行各种英语竞赛活动，如"三年级的书写大赛""四年级的朗读比赛""五年级的英语讲演比赛""六年级的综合竞赛"等，让学生在竞赛中成长，提高学生英语学习的各方面能力。如2021年11月，以区英语教研室组织的五年级英语故事讲演比赛为契机，开展了一次班级比赛、三次校级比赛。英语学科教研组教师齐心协力，共同合作，最终在区级比赛中取得好成绩（见图5-4-1）。

图5-4-1　曲江区实验小学英语故事讲演比赛颁奖现场

三、转变传统课堂教学模式，引入多模态课堂教学范式

随着时代的发展和信息技术的广泛运用，学校英语课堂教学模式也在不断创新。为了提高学生的学习兴趣和教师的教学效率、质量，学校将多模态课堂教学模式逐步运用到了课堂实践中。多模态教学范式整合了文本、图画、音频、视频等网络语言资源，帮助学生从不同的角度去体验和感知英语，让学生

对英语的学习产生浓厚的兴趣和强烈的学习动机。

在省级英语教研基地创建过程中，学校教师积极探索、运用多媒体技术辅助教学。在课堂教学中，教师借助希沃白板技术，提取里面丰富的教学资源，比如图片、音频、视频等。在语篇教学中，学校教师善于引导学生进行小组合作学习、任务单式学习等。同时，学校教师也特别注重培养学生的综合能力，教师通常会让学生进行角色扮演、故事讲演等活动。

基地学校教师还积极利用思维导图形式引导学生总结归纳知识点。学校教师还将微课运用于课前预习以及课中的学习。微课不仅能指导学生进行课前预习，还能在课堂中的操练环节进行演示，为课堂增效奠定基础。

四、探索多模态与绘本阅读融合教学的有效策略

在人工智能的新时代背景下，学校正积极推动信息技术与教育教学的全面融合与创新。特别是在"双减"政策的引导下，多模态技术为课堂教学注入了新的活力，使得知识和思维以更为直观的方式呈现，进而提升了课堂教学的效果。对于小学英语课堂教学而言，教师在扩展和优化课程资源时，应灵活利用图片、音频、视频等多模态辅助工具。

（一）小学中高年级英语教材结合绘本教学的意义

我们鼓励教师积极、灵活并有效地运用各种信息技术教学资源，如图片、音频和视频等，以丰富课堂的教学内容和组织形式。这样，学生可以在观察、模仿、尝试和体验中，更直观地感受英语在真实生活场景中的应用。

英语绘本因其图文并茂、高词汇复现率和强故事性的特点而深受学生的喜爱。绘本本身的丰富版式、明快色彩以及生动的故事录音，都能有效地帮助学生通过图像、色彩、声音等多种模态与文字进行互动学习。

（二）小学英语教材与绘本阅读的多模态融合教学策略

恰当的教学策略往往能事半功倍。教师在融合小学英语教材与绘本阅读时，可以利用多模态技术资源进行整合，以提高教学效率。

1. 利用多模态信息技术进行精准的学情分析

在信息技术迅猛发展的今天，教师可以通过多种信息技术资源，利用课前作业对学生的知识水平和认知水平进行数据分析，从而实现精准的学情分析。这为教学重点、难点的确定，教学策略的选择以及教学活动的设计提供了科学

依据。例如,在教学某个英语教材单元时,可以结合相应的绘本进行阅读教学。课前,教师可以通过让学生复习相关单词、进行分类并绘制思维导图的方式,了解学生的掌握情况。同时,利用数字教材帮助学生预习新知,并通过查看学生的学习反馈,精准预设教学活动,从而有效提高课堂效率。

为了更好地适应学生的认知水平和年龄特点,在绘本人物和故事情节的选择上,教师也可以利用数据平台进行课前预设,根据学生的反馈调整教学内容,以吸引学生的阅读兴趣。

2. 利用多模态信息技术提升阅读课堂效率

(1)课堂导入中的多模态技术应用。在阅读教材和绘本之前,教师可以通过歌曲和游戏等活动激发学生的兴趣和学习动机,同时建立新旧知识之间的联系。利用录屏软件等技术手段播放与课题相关的歌曲视频,以轻松的方式引入课堂话题。同时,利用交互式白板等工具制作游戏,让学生在互动中自然进入学习状态。

(2)多模态技术融合的教学方法与策略。在阅读教材和绘本的教学过程中,教师可以采用多种模态形式和技术手段进行整合教学。例如,利用微课、交互式白板、数据平台以及平板电脑等,将教材和绘本内容通过多技术融合的方式呈现给学生,以提高课堂效率。

教师可以利用相关软件制作微课,创造真实的学习情境。微课的引入能让学生更直观地感知语言的意义和用法。同时,借助交互式白板等平台呈现丰富的视听材料和学习情境,给予学生多感官的体验。通过可视化的工具呈现新知识和语言情境,帮助学生更好地理解教学内容并突破学习难点。此外,教师还可以利用信息技术进行学习小组的组织与管理,采用阅读圈等活动方式提供学生参与的机会并满足不同层次学生的需求。

3. 利用多模态信息技术拓展课外阅读应用

为了将阅读学习延伸到课后,教师可以布置开放性的阅读作业。例如,利用在线平台延伸语言学习并拓宽学生的思路。学生可以根据自己的能力和兴趣选择完成阅读问卷、讲演绘本故事视频或制作绘本故事迷你书等创意作品。这些作品可以提交到在线平台上进行展示和评价,从而提升学生的参与度和积极性并实现深度互动学习。

五、落实国家"双减"政策，优化作业设计与评价

2021年4月，《教育部办公厅关于加强义务教育学校作业管理的通知》发布。2021年7月，中共中央办公厅、国务院办公厅出台了《关于进一步减轻义务教育阶段学生作业负担和校外培训负担的意见》。在此背景下，学校英语教师在设计作业时努力做到精挑细选、减量提质，学以致用，培养学生的英语核心素养。

（一）强化"双减"作业的设计和管理

1. 作业设计须确保各课时作业之间的内在联系，展现出清晰的逻辑线索和逐步深入的学习层次。同时，应融入生动有趣的英语情境，增强作业的吸引力和实用性。在设计不同课时的作业时，要紧密围绕整体教学目标来设定具体的作业目标，确保作业的系统性和针对性。此外，作业内容要力求精简高效，避免冗余，以便学生能够在完成作业的过程中，有效地巩固和拓展课堂所学知识。

2. 英语组教师认真批改作业，并能及时做好反馈。加强面批讲解，能够让教师更好地了解学情。在"双减"背景下，"课后服务"为教师面批作业提供了保障，并促进师生之间的沟通。

3. 开展多样评价，采取分层对待方式，发现每一个学生身上的闪光点，促进师生之间的情感交流。学校教师使用"一起智慧"课堂，通过计算机、白板使用实现教室大屏，给小组分配任务，根据小组成员的学习过程和参与度进行学生评价，颁发奖励勋章，促进彼此的交流与合作。

（二）发挥学科示范辐射作用

为了进一步发挥曲江区实验小学省学科教研基地的示范引领作用，探索新的教育教学模式，加强小学英语学科教师校际间的联谊，提高曲江区全体英语教师的教学水平和信息化水平，一年来，学校英语学科教研组积极参与教研活动，积极承担各级公开课和讲座，发挥英语学科的示范辐射作用。

基地学校的英语教师善于总结教学教研经验，积极承担区级和市级讲座10多场。2021年9月27日，承担了以"智能技术与多模态作业的融合设计与应用——听说训练（一）"为主题的市级讲座分享；2022年1月28日，承担了以"以分级阅读促进小学中高年级学生英语阅读素养发展的实践研究""基于多

模态技术的小学英语中高年级教材与绘本阅读融合教学的研究""思维导图在小学英语阅读课堂中的应用"为主题的市级讲座分享；2022年2月22日，承担了以"开拓创新，敦本务实，大力推动学科教研基地学校建设""以教研促教学　以教学促发展"为主题的区级讲座分享；2022年6月26日，承担了以"多模态资源与技术在小学英语教学的运用""多模态资源支持下的小学英语词汇教学""多模态资源支持下的小学英语对话教学""多模态资源支持下的小学英语自然拼读绘本教学""多模态资源支持下的小学英语阅读教学"为主题的省级教研基地成果提炼讲座分享。

韶关市曲江区教研员李虹老师以及区域学校教学管理者对以上活动给予充分的肯定和鼓励，基地学校英语学科教研组同时也得到了被辐射学校和参与听课教师的一致好评。这既增强了被辐射学校之间的教学研讨和交流的凝聚力，也加速了城乡英语教学质量的均衡化发展，使学校和教师不断更新教学理念和探索新教学方法，迎接新的挑战。

参考文献

［1］中华人民共和国教育部.义务教育英语课程标准（2022年版）［S］.北京：北京师范大学出版社，2022.

［2］古越，孙庆.小学英语绘本阅读中的多模态教学［J］.南京晓庄学院学报，2017（4）：46-50.

［3］陈圣兰.小学高年级英语教材与绘本融合教学的策略［J］.基础教育研究，2020（24）：88-89.

［4］王蔷，等.小学英语分级阅读教学：意义、内涵与途径［M］.北京：外语教学与研究出版社，2017.

［5］周中华.高中英语教学中的板书设计研究［J］.中学教学参考，2016（31）：34-36.

（本节内容主要执笔人：韶关市曲江区实验小学　林海英　黄有兰　江红缨）

第六章

基于深度学习的英语校本教研实践

> 全人教育的理论与实践认为指向思想性知识的教学，既是联结碎片化知识点的有意义模式，也是指向核心素养教学的关键策略，即探究主题意义、整合教学内容，从而开展深度学习，这也是培养核心素养的重要途径。

第一节　基于深度学习的研训实践

在新一轮课程教学改革中，课程方案提出跨学科教学；课程标准提出"教—学—评"一体化设计实践，教育数字化行动战略提出智慧教育平台对教学全流程应用，培育学生的核心素养已成为教育的核心使命。而"深度学习"作为实现课程改革和核心素养落地的关键手段，正逐渐成为教育领域的研究焦点。深度学习理念的引入，为小学英语教学中存在的碎片化、表层化和标签化问题提供了全新的解决视角和思路。

一、单元整体教学，为深度学习而教

深度学习若要聚焦于核心素养的培育，则须紧密结合学科内容，将课程内容的各个方面——如主题、语境、不同类型的语篇、语言知识、文化知识、语言技能以及学习策略进行全面整合。基于英语学习的活动观念，我们应设计出具有层次性的学习活动，这些活动应包括基础的学习理解型活动、中级的应用实践型活动，以及高级的迁移创新型活动。通过这样的设计，我们能真正实现学科教育在人的全面发展中的价值。

2023年3月26日，韶关市浈江区执信小学在分享"深度学习视角下的小学英语单元整体教学设计"的线上教研活动中，执信小学黄燕芳老师在讲座分享中提出：不少一线教师进行教学设计时以"课时"为单位，导致教学内容碎片化、知识点的处理缺乏全局的掌握，从而忽视了学生学科素养的提升。在核心素养的视角下，小学英语单元整体教学设计以学生的认知发展和知识建构为出发点。这种设计理念将教学设计的重心从教师单纯传授讲课内容，转变为更加关注学生的学习过程和思考方式，从而引导学生自主学习。杨雪华老师分享的主题是"深度学习视角下的小学英语单元整体教学设计——以读写课为例"。

杨老师用丰富的理论知识对深度学习和单元整体教学的概念进行了精彩的阐述。在阅读课中进行的仿写句子的活动，要求设计一个机器人，并写出描述其特征的三个句子。在写作课中，要求学生能够以"My favorite _____"为题完成写作任务。这两个部分在前面学习、理解和应用实践的基础上，对所学的知识进行了迁移和创新。运用活动把枯燥的阅读和写作过程变成了集体讨论和互动学习的过程。交流与互动，使学生巩固了语言知识，发展了语言技能，培养了思维品质，形成了善于观察、不以貌取人的良好习惯，建立互相学习、共同进步的积极的人际关系。

2023年6月30日，执信小学沈小花、凌怡、刘雪兰、陈艳等教师在线上进行了题为"指向深度学习的小学英语教学设计"的专题分享。在广东省韶关市小学英语教研基地钉钉群、粤苏豫蜀名师工作室协同研修联盟钉钉群和英语多模态教研钉钉群三群同步直播。

沈小花分享了"基于深度学习的小学英语阅读教学研究"，图文并茂地阐述了深度教学的内涵和特征、深度学习与小学阅读教学的关系以及小学英语阅读教学中存在的问题，然后结合课例向在线教师具体分析了如何在小学英语阅读教学中让学生达到深度学习的目的。凌怡老师分享了题为"优化小学英语单元整体教学的几点做法"的讲座，她阐述的内容有：一是小学英语单元整体教学；二是"单元整体教学"的理论基础；三是单元整体教学设计和实践的好处；四是具体到单元教学课例，进行教学设计的重点是作业设计。刘雪兰老师则从教学内容、教学目标、教学准备、教学措施、教学过程五个方面针对深度学习进行讲述，形象生动地阐述了如何把深度教学贯穿到具体的教学实践中。陈艳老师分享的主题是"深度学习与英语活动观的联系"，她主要从四个方面进行论述：深度学习的内涵，深度学习与英语活动的联系，深度学习与活动观的建议，具体的课例分析。陈老师图文并茂地分析了人教版《英语》四年级下册（三年级起点）Unit 5 My clothes的教学课例，详细地阐述了如何将深度学习教学理念运用到实际教学中。

2023年6月24日，省基地学校韶关市浈江区风采实验学校学科教研组在教研主题为"指向深度学习的英语单元整体教学设计"的线上研讨中，钟淑瑛分享了人教版《英语》四年级下册（三年级起点）Unit 5 My clothes单元整体教学设计：学生已经对颜色和衣物的搭配有一定的了解，能对衣物和颜色的搭配表达自己的意见，但是对于句型"Whose ... is this？""Whose ... are these？"运用有一定的困难；要学生养成及时整理个人物品和独立自主的生活好习惯；让学生了解衣服的种类，学会衣服及衣物按季节归属的表达；通过语篇学习，学生能获取话题大意，并掌握复述语篇的能力，懂得不同场合的穿着要求，建立朴素大方的审美观；学会收拾整理自己的衣服，养成独立自主的好习惯，分析和评价穿衣的合理性；能参与创作家人一起参加某活动的穿衣情况的主题作文，分享自己穿衣的生活体验。马彦虹老师则认为，观察学生通过阅读Sarah的夏令营结营文章，归纳衣物所属主人的结构化语言；观察学生通过阅读Sarah的夏令营结营文章，归纳出阅读的速读及精读技巧；观察学生是否能在迁移的语境中，创造性地运用所学语言，掌握重构语篇的能力；观察学生能否顺利完成小组活动，掌握独立整理衣物的能力；观察学生能否在重构文本中复述出阅读短文内容并重构文本；观察学生能否学以致用，完成小组活动。风采实验学校雷卫锋副校长做点评：风采实验学校关于"英语单元整体教学设计"的教学研讨直播分享具有三个优点：一是把握了单元主题的整体性，二是掌握了语篇语言知识的系统性，三是强化了知识与生活情境联系的密切性。直播活动具有很好的示范作用，为一线教师的教学工作提供了有效的借鉴。

二、主题意义探究，为深度学习搭建框架

基于主题意义探究的教学是整体语言教学法中的重要组成部分，有助于学生获得其他方面的知识、经验和对周围世界的认知，能促进学生核心素养的发展。

2022年12月31日，韶关市省级小学英语教研基地成员胡敏、林荔老师及定向指导的青年教师协同开展了题为"基于主题意义探究的小学英语教学"的直播分享活动。韶关市和平路小学的胡敏老师分享的主题是"基于主题意义探究的小学英语复习课"。胡敏老师首先从《义务教育英语课程标准（2022年版）》出发，分析了"主题"在课程内容选择和教学活动设计中的重要作用；其次，她结合小学英语复习课的现状，分析了基于主题意义探究的英语教学的价值；最后，她以人教版《英语》六年级下册（三年级起点）Unit 4 Then and now复习课为例，分享了基于主题意义探究的微项目化复习课案例。微项目化复习课的目的不仅仅是复习语言知识，更重要的是让学生在真实的主题语境中，

运用已学知识解决生活实际问题，将课内所学链接现实世界，学以致用，形成应对未来挑战的关键能力和核心素养。

浈江区乐园镇长乐中心小学的欧阳丽华老师分享的主题是"基于主题意义探究的单元整体教学设计与实践"。欧阳老师以人教版《英语》五年级上册（三年级起点）"Unit 4 What can you do？"为例，从主题意义提炼、教学目标制定、单元内容统整、评价内容及标准等方面进行整体分析与设计。指向主题意义的单元整体教学设计能有效引导学生通过学习活动掌握语言知识，发展语言技能，最终提升学用能力。

浈江区乐园镇长乐中心小学的陈月圆老师分享了"基于主题意义探究的小学英语教材解读案例分析"，强调英语教师要具有深入解读教材、引导深度学习的能力。通过典型的小学英语教材解读案例，引导教师从探索单元主题，找出文本的"神"；挖掘教材信息，探出文本的"心"；重构教学内容，塑出文本的"形"等方面深耕文本，建构主题意义探究引领下的小学英语教材解读方式，延展文本价值，促进学生深度学习及教师文本解读能力的提升。

韶关市和平路小学林荔老师主讲了"基于主题意义探究教学的理论与实践"，分别从主题意义教学和探究活动教学理论内涵介绍入手，从育人价值目标、素养立意的情境创设，探究活动优化路径（connect—wonder—investigate—construct—express—reflect），并提出主题意义探究的批判性思维KWHL（students know—want to know—how to know—learned）探究作业框架，最后介绍了国内外基于"人与自然"和"人与社会"两个主题的实践案例，为教师实施主题意义探究教学提供了参考。

三、以素养为导向，推进项目化深度学习

义务教育阶段学校的育人蓝图重点强调素养导向、优化课程内容组织形式，突出实践育人。2022年11月27日，广东省小学英语教研基地韶关市基地学校碧桂园外国语学校协同南雄市第一小学举办了题为"素养导向的小学英语学科项目化学习的实践探索"的线上教研直播活动。

碧桂园外国语学校张雪勤老师分享了"基于深度学习的小学英语项目化学习案例分享"。她首先阐述了深度学习与项目式学习的关系，项目式学习强调真情境、大任务、大概念。结合人教版《英语》五年级上册（三年级起点）

Unit 6 In a nature park，张老师设计了驱动问题"How to make more people know the beauty of Shaoguan Nature Park？"，根据驱动问题设置驱动任务"Find and share the beauty of Shaoguan Nature Park"。在大任务下设计了"know the nature park""make a travel plan""do some research and make some record"这三个子任务，分六个课时带领学生进行探究之旅。碧桂园外国语学校郑叶敏老师分享了"单元视角下的英语学科项目化学习——以人教版《英语》三年级上册（三年级起点）Unit 5 Let's eat为例"，案例从项目启动、项目规划、项目实施和项目展评四个方面呈现了学科项目化学习的实施路径。开展英语学科项目化学习，一方面，要依托课堂，为学生搭建学习支架，引导学生感知体验，促成学生合作共享，实现迁移反思；另一方面，要引导学生走出课堂，把单元知识点转化成问题解决情境，关联生活，帮助学生在解决问题的过程中促进知识和能力的构建。

碧桂园外国语学校蔡雨蒙老师分享了"英语学科项目式学习的设计与实践——以人教版《英语》二年级下册（一年级起点）Unit 5 My Day为例"。首先，她阐述了学科项目化学习的内涵与意义以及项目化学习的核心要素，让教师认识到了一个好的、高质量的项目有七大核心要素：有挑战性的问题、持续性的探究、真实性、学生的发言权和选择权、反思、反馈和改进、公开展示项目成果。以二年级的项目"Chinese Laborers"为例，从时间、职业、生活作息三大板块详细介绍了该项目的实施过程、项目成果、项目评价等方面的内容。

聚焦人教版《英语》四年级上册（三年级起点）Unit 1 My classroom的项目式学习案例，南雄市第一小学吴红娇分享了"基于项目式学习的小学英语大单元设计"，详细介绍了教材、学情、单元核心知识、项目层递式驱动问题、所培养的学生的高阶认知能力，并分享了学生的项目式学习成果及项目实施过程中的评价方式。该项目式学习通过学习与课程相关的词汇与句式表达、提取与整合教材中的关键信息，综合运用本单元知识完成"介绍学校和教室"的任务。在真实的情境中运用句型，增强学生对班级、对学校的热爱之情，促使学生在学习理解、应用实践的基础上，迁移创新本单元的所学知识。

第二节　浈江区碧桂园外国语学校小学校本教研实践

在韶关碧桂园外国语学校小学部英语学科教研组教师中，有全国英语阅读耕耘奖获得者、全国整本书阅读特等奖获得者、全国自然拼读优课获得者、全国绘本阅读优课获得者、韶关市英语论文评选一等奖教师、韶关市小学青年教师教学技能大赛一等奖教师、韶关市融合创新教学技能大赛一等奖教师等。全体英语教师秉承"英语领先，全面发展"的教育理念，扎实、创新地开展英语教育教学工作，淬炼出专业过硬的英语教育者。

一、深度学习的背景和面临的挑战

义务教育阶段学校要优化育人蓝图、开拓育人路径、变革育人方式。在日常教学中，要将学生的浅层次学习转向深度学习，以往造成学生浅层次学习的原因有四个方面。一是课程形式单一。教师没有创造性地开展课程实施。二是教法缺乏整体思维。教师对教材文本的研读缺乏整体性，备课多关注本单元或本课时的知识与技能，不关注本单元与其他单元的关联；重视本课时的新词学习，忽视新旧知识的复现。没有学科融合思维，忽视学科间知识的整合，忽视知识与真实世界的联系。三是课堂活动设计的逻辑性、层次性不清晰。新知识的呈现单一，大部分教师从新词或句型的学习直接开始，缺少单元或主题的整体意识，活动之间的逻辑性须增强，不同课型之间的过渡较生硬。学习活动设计能参与的学生人数少，缺少对学生主体的思考。问题设计多为低阶思维，缺少对高阶思维问题的设计和创新情境的设计。较少学生能在课堂中形成自己的观点和评价。四是评价单一。仅通过期末检测对学生进行评估。因此，要组织学生进行深度学习，学科教研组教师必须进行集体备课，围绕课程、课堂、课业、评价、研修进行探索、实践和研究，试图构建"理念牵力、课程引力、课堂推力、评价导力"的小学英语"四力驱动"的育人体系。

二、为深度学习而教，聚焦素养导向

《义务教育英语课程标准（2022年版）》着重强调，课程应坚守以素养为指引、综合教育和实践教育的原则；它应起到"培根铸魂、启智增慧"的教育作用，以完成立德树人的基础教育使命。英语课程的核心目标是提升学生的语言能力、增强文化认知、锤炼思维品质及提高学习能力；通过核心素养的主导，构建以等级体系为基础的课程体系，以主题为线索来筛选和安排课程内容，落实学习与思考相结合、实践与创新并重的英语学习活动理念，并着重于教学、学习与评价的一体化筹划。

（一）"四力"驱动深度学习核心概念的界定

小学英语"四力驱动"育人体系，遵循学生中心的原则，实施"三课联动、评价多元"策略，坚持"教、学、评、研"一体化建设，课程、课堂、课业、评价全过程育人。创建英语学科课程群，构建指向深度学习的课堂模式，设计具有主题意义的作业及多元评价体系。铸就课堂教学梯度，建立评价维度导向，从广度上着力构建校本课程，深入实施教师研修。

（二）"理念牵力"牵导教师向专业创新型教师发展

教师是教育的关键，学科教研组的发展需要业务过硬的教师队伍。为促进教师专业发展，打造学术型教师队伍，学科教研组实施了"445"教研。第一个"4"即规划"自主研修—协同发展—学术提升—成果推广"的四段式教师成长线路，建立教师成长档案，实施"一师一档"。第二个"4"指依据教师的教学能力及年限将教师划分为新手型、经验型、成熟型、专家型四大类，新手型教师培养其教学的规范性和科学性，经验型教师培养其教学的有效性和流畅性，成熟型教师培养其教学的灵活性和特色性，专家型教师培养其教学的创新性和艺术性。"5"指从小学生心理、学习资源、教法、学法、教师五个方面设计教师课程规划，分层实施培训与评价。通过独立阅读、线上线下混合式学习、分享、磨课、展示、写作、课题研究的形式逐步提升，实现从教书匠向教科研型教师转型。

（三）"课程引力"构建英语校本课程群

课程是育人的载体，育人目标实现的关键之一是课程的设计。在基础教育课程改革不断推进和深化的过程中，要树立"生本、多元、开放"的大课程观念，构建促进学生全面、可持续发展的课程体系。统筹三级课程、对学校课程进行规划、国家课程校本化、活动课程化都是追求学校高品质发展、学科教研组专业化发展的有效途径。因此，学科教研组从课程理念、课程目标、课程内容、课程实施、课程评价和教师培训六个方面设计小学英语校本课程群，设计了"听说与交际""阅读与思辨""写作与表达""文化与理解""实践与创造"五个课程模块，分别指向学生听、说、读、写、用、创的能力的培养（见图6-2-1）。

图6-2-1 小学英语校本课程群图谱

（四）"课堂推力"打造基于深度学习的英语课堂模式

本模式以英语学习活动观和深度学习理论为指导，以合作学习、探究学习为主要学习方式，聚焦思维训练，以图式思维工具为学习策略，分为以思维导图、思维地图和阅读反馈图为载体的三种英语课堂模式；并通过基于深度学习的小学英语迁移创新活动培养学生的英语核心素养、高阶思维和创新能力。

1. 实施师生共读，聚焦"5W1H"，通过思维导图设计学习任务。聚焦关键信息的提取和梳理，帮助学生完成从记忆到理解，再到运用的学习过程，发展学生的梳理、提炼能力，培养学生的层级、发散思维。（适用于一年级起点的低年级学生和三年级起点的三、四年级学生）

2. 实施师生共读、生生共读和学生独立学习的方式。教师通过思维地图设计学习任务，引导学生提炼、分析文本，聚焦角色、情节、主题、语言等不同角度地分析、推理，帮助学生完成从记忆、理解到应用，再到分析的学习过程；整合性学习语言知识，运用所学知识形成观点，获取文化知识，理解文化内涵，培养学生的分析思维。（适用于一年级起点的三、四年级学生和三年级起点的五、六年级学生）

3. 实施小组共读和学生独立学习的方式，教师通过阅读反馈图表设计学习任务。引导学生在提炼、分析文本的基础上，进行评价、创造，帮助学生完成从记忆、理解、应用、分析、比较、评价，再到创造的学习过程，培养学习的评价思维、反思思维和创造思维。（主要用于一年级起点的五、六年级学生或更高英语水平的学生）

（五）英语迁移创新活动的设计和实施

基于深度学习的小学英语迁移创新活动是超越语篇的活动，它是学习理解、应用实践活动的提升，也是深度学习落地的关键。迁移创新学习成果是显性的、可视的、创新的、结构化的。它包括推理、论证、批判、评价、想象、创造等。根据逆向设计原理，迁移创新活动可分为创新思维活动、创意表达活动和创造物化三类活动。

1. 创新思维类迁移创新活动

创新思维类迁移创新活动以思维可视化工具为活动设计的载体，将思维过程以图呈现，对语篇的关键信息进行梳理、提炼和概括，从而厘清、分析、评价、推断其逻辑关系、人物关系、事件发展、文体结构等。思维组织管理就包括思维导图、思维地图、阅读反馈图等。

（1）"思维导图"式活动

思维导图是东尼·博赞在20世纪60年代提出来的，它以脉络状分支延伸，各级主题的关系用相互包含与相互区别的关系层级图表现。就英语学科而言，思维导图可以5W1H、话题或主题为分支，由浅入深设置学习任务，帮助学生理顺语篇层次，发展学生的分析、观察、提炼和归纳能力。这一类活动的目标是引导学生在语言学习的过程中发展思维，在思维发展中推进语言学习。

案例1：学科教研组教师在教授人教版《英语》五年级上册（三年级起点）Unit 6 In a nature park的复习课时，将复习的主动权赋予学生，设计了"小老师"环节。小组根据自己对单元知识的认知进行梳理和归纳，有的小组选择了易错点，有的小组选择了单元主题。作品完成后，再在班级由组长进行讲解。有的设计者选择了本单元的语法点作为思维导图的设计主题，分别从"there be"句型的用法、它的否定句和一般疑问句的使用来梳理、归纳和总结（见图6-2-2）。有的设计者从Unit 6的词汇、语法和拼读三方面进行归纳。在设计上，主图符合单元的主题意境，设计唯美。有的设计者则从词汇、句型和看图对话三方面进行归纳，巧妙地将图配话融入了思维导图。每组的设计思路不同，思维方式就不同，语言归纳的过程是思维发展的过程。

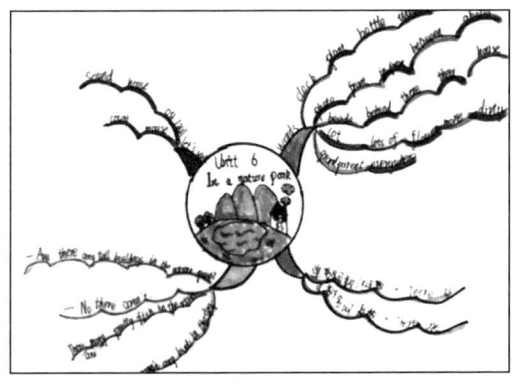

图6-2-2　单元思维导图

（2）"思维地图"式活动

思维地图是用于帮助语言学习的一种思维可视化工具。八种思维地图，分别是圆圈图、气泡图、双气泡图、树形图、括号图、流程图、复流程图和桥型图（见表6-2-1）。

表6-2-1　思维组织管理之其中四大思维地图

名称	图的形态	作用
圆圈图		训练思维广度、为分析问题做准备，用于头脑风暴
树形图		分类、分组，获得整体架构，寻找分类依据及各个部分的观点和细节
流程图		表达过程或顺序，用于培养程序思维和统筹能力
桥型图		说明类比和隐喻，用于认识新概念，建立新旧知识的联系

案例2：学科教研组教师在教授人教版《英语》五年级上册（三年级起点）"Unit 1 What's he like？"时，增加了两节绘本阅读课。其中一语篇是*Robot Zoo*，它选自《丽声英语百科分级读物》（第五级），属于科普类读物、非连续

性文本。该绘本介绍了六种动物机器,这些动物机器具备此类动物的特点,代替人类完成艰难的工作。

① 用圆圈图帮助学生厘清绘本的主题

这是一本关于机器动物总动员的科普读物,书中介绍了六类动物机器。对于五年级的学生来说,这六类动物机器的介绍有难度,涉及不少专用名词。为激活学生的思维,学科教研组教师设置了这样一个问题:What's in the robot zoo? 请学生阅读绘本并找到信息完成圆圈图。学生专注阅读,将书中的关键词,如将Robot Reptile, Robot Fish写在圆圈图中,并配上图画。本活动可以帮助学生快速梳理主题机器人的分类,减少学生对英语科普阅读的畏难心理,激发阅读的兴趣,也为创新成果物化做铺垫。

② 用气泡图整合关键信息

气泡图的主要用途是围绕核心主题或概念进行描述,找到事物的特征。教师在教授绘本时,要求学生自主选择最喜欢的动物机器人,找出它的特征,并完成动物机器人的气泡图。在梳理的过程中,学生提炼出了描述动物机器人的关键词,如a baby seal, PARO, soft fur, make people happy and make people relax,初步厘清了描述动物机器的知识结构和框架。

③ 用双气泡图对比动物机器人的异同

双气泡图主要用于两个事物的比较,分析事物的相同点和不同点,培养学生的质疑能力、思辨能力和判断能力。气泡图的梳理过程为双气泡图中的对比和关联提供了前期准备。学生在对比中形成自己的想法和见解,并以图示的形式呈现。

在 *Robot Zoo* 这本书中,学生对书中的六种动物机器进行对比,发现动物机器的最终目标是为人类服务。其中一组,选择了陆地上的两种动物机器"copycat robot"和"robot insect"进行比较,得出以下结论:

The same points:

Ss: They work on land.

Ss: They do jobs for people.

Ss: They have their names.

Ss: They look like a kind of animal.

学生依据双气泡图,进行讨论,将书中零散的语言信息绘制在一张图上,加深了对语篇的理解,引发了深层思考。因此,在创客教育与英语教学融合过程中,学生又根据双气泡图提炼的信息设计机器人,对知识进行迁移。如,运用大象的鼻子特征设计"Elephant robot",并描述。

(3)"阅读反馈图"式活动

阅读反馈图是一种阅读笔记,主要用于对阅读语篇结构的整理,引导学生提炼、分析阅读片段,涉及角色、情节、主题、语言等不同角度的评价、分析、推理,包括KWHL图、5W要素图、时间图、人物图、对比与联系图、问题剖析图等。表6-2-2为部分阅读反馈图。

表6-2-2 思维可视化分析之阅读反馈图

名称	图的形态	作用
5W+1H		对故事进行分析,引导提问;培养提问能力
人物分析图		对人物进行分析,培养批判思维能力
故事地图		对故事进行总结,加深对故事的理解

续 表

名称	图的形态	作用
对比图	COMPARE & CONTRAST（两个相交圆的维恩图）	归纳、提炼、思考两个事物的异同
情节图	Finding the PROBLEM & SOLUTION（PROBLEM 与 SOLUTION 对应的三组方框）	梳理故事情节，从"问题与解决""原因及影响"这两个角度深入思考
主题分析图	FINDING THE MAIN IDEA（中间 Main Idea，四周 Supporting Detail）	提炼主题，对比和区分细节
事实陈述图	3-2-1（3. Three words that were new or interesting to me；2. Two facts I learned；1. One thing I'm curious about）	陈述事实，培养归纳、提炼能力

续表

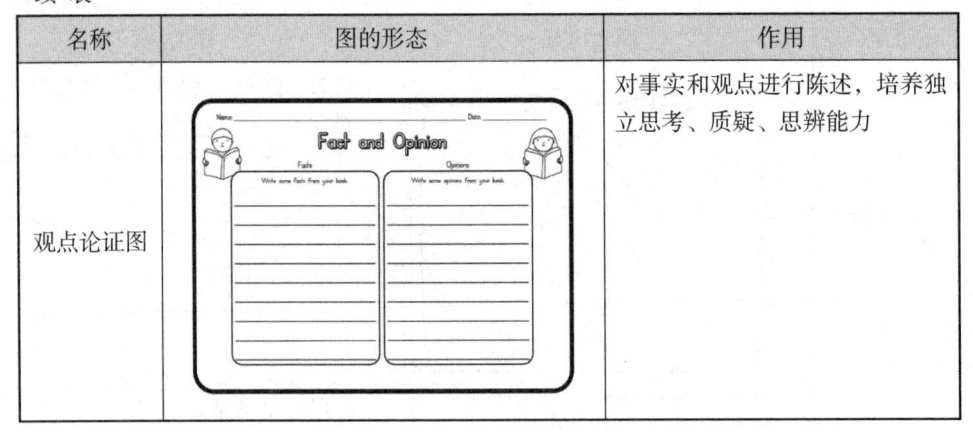

名称	图的形态	作用
观点论证图		对事实和观点进行陈述，培养独立思考、质疑、思辨能力

案例3：教师在教授人教版《英语》五年级上册（三年级起点）"Unit 1 What's he like？"时增加的另一本绘本是 *Daddy Robot*，选自《攀登英语阅读系列》（第四级）。本书是一个关于家庭教育的故事，Ben的爸爸是一名非常优秀的工程师，他能制作出各种机器人。这些机器人可以和Ben下棋、打球、讲故事，但Ben不开心。他的生日快到了，他向爸爸许的愿望是要一个"Daddy Robot"。最终，爸爸放下工作，模仿机器人，陪孩子度过了一个美好的生日。围绕高级思维的培养，学科教研组设计了两个阅读反馈活动：活动一是故事分析，梳理事情的起因、发展、结果；活动二是人物分析，探究Ben的爸爸的变化并进行分析（见图6-2-3和图6-2-4）。

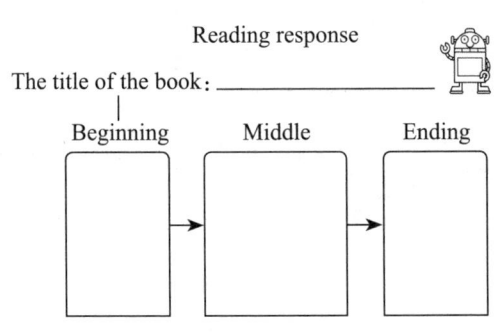

图6-2-3 *Daddy Robot* 的阅读反馈图

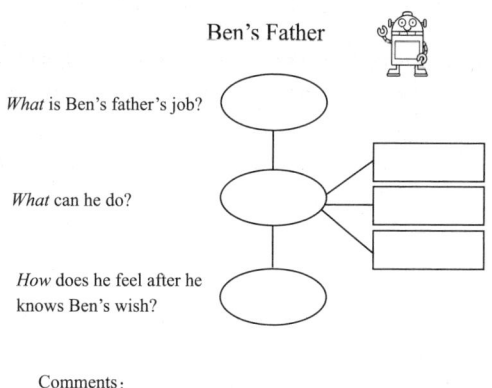

Ben's Father

What is Ben's father's job?

What can he do?

How does he feel after he knows Ben's wish?

Comments：
Does Ben's father love Ben or not? Why?

图6-2-4　*Daddy Robot*的阅读反馈图

由上可见，思维导图式活动、思维地图式活动和阅读反馈类活动既有区别也有关联。思维导图式活动能够培养学生的层级、发散思维，其思维载体即思维导图呈现树枝状；思维地图式活动结合了思维导图的优势，类型更综合；阅读反馈类活动则聚焦某一个研究点进行深度探究，通过对比、分析得出新的观点。总之，三类活动聚焦培养学生的分析思维、评价思维、反思思维和创造思维，都是将学习的思维过程外显化、知识结构化和可视化，最终重构知识体系。

2. 创意表达类迁移创新活动

《义务教育英语课程标准（2022年版）》将语言技能分为理解性技能和表达性技能，具体包括听、说、读、写、看的技能及其综合运用。听、读、看是理解性技能，说、写是表达性技能。语言学习是输入、内化和输出的过程：听、读、看是输入，说、写是输出。创意表达类迁移创新活动聚焦提升学生的表达性技能，坚持输入与输出并重的原则，以分级创意表达为目标，实施"听说创"式活动和"读写创"式活动。

（1）目标导向，分级实施

为有效实施创意表达类迁移创新活动，学科教研组梳理了一至六年级的

"听说创"式活动与"读写创"式活动的目标，分级设计活动（见表6-2-3）。

表6-2-3 创意表达类迁移创新活动年级分级目标

年级	"听说创"式活动目标	"读写创"式活动目标
一年级	1. 能用所学的语言知识描述或谈论自己、家庭、常见颜色、数量（20以内）、动物等 2. 能在教师的帮助下，用至少五句话描述图片或主题	不做具体要求
二年级	1. 能在教师的帮助下，对所学内容进行角色扮演 2. 能用所学语言知识描述或谈论食品、服装、玩具、时间、职业、日常生活等 3. 能对所学对话、故事或动画进行配音	能根据图片和提示的句型，仿写句子
三年级	1. 能用至少八句话描述主题或图片 2. 能简单描述事件的经过或描述小故事 3. 能利用所给提示（图片、文字）口头编故事	能模仿故事结构编写简短配图小故事
四年级	1. 能表演剧本、小故事 2. 能尝试用英语提问、发出邀请 3. 能对常见的图标进行简单的说明解释	1. 能编写主题小谜语 2. 能尝试编写有情节的小故事
五年级	1. 能对话题进行交流、协商和进行简单讨论 2. 能运用思维工具复述故事 3. 能根据故事口头续编故事	1. 能根据主题，创编有情节的剧本 2. 能尝试完成各类调查表
六年级	1. 能围绕主题进行简单演讲 2. 能依据语篇熟练进行提问、讨论	1. 能尝试用英语写小报告 2. 能尝试续写故事

（2）"听说创"式活动

英语学习，听说领先，读写跟上。教师在保证语言输入的前提下，要创设学生交流、展示的平台。课堂上开展小组表演、情境对话、主题辩论、故事复述、小老师课堂等活动；课后提供语言操练的机会，线上创办新闻播报、英文讲书、英文演讲、英语配音栏目，线下举办凤凰剧场、英语能力竞赛、"讲好中国故事"项目展等。

案例4：课内活动——教师在教授"Christmas"时，设计完成思维导图。具体流程如下：略读，创设情境，解决第1个问题"Who"；用PPT的形式，图文并茂地呈现语篇，解决学习过程中的第2个问题"Where"（一级概念）；层层递进，指导学生细读，完成填空，找出语篇的主线：时间，解决第3个问题"When"（二级概念）；精读，通过小组合作完成思维导图的细节，让学生以时间为主线，围绕圣诞节开展的活动寻找第4个问题"What"的信息（三级概念）。学生在厘清语篇脉络后，根据老师提供的复述脚手架复述，并陈述自己对概念的理解。如图6-2-5。

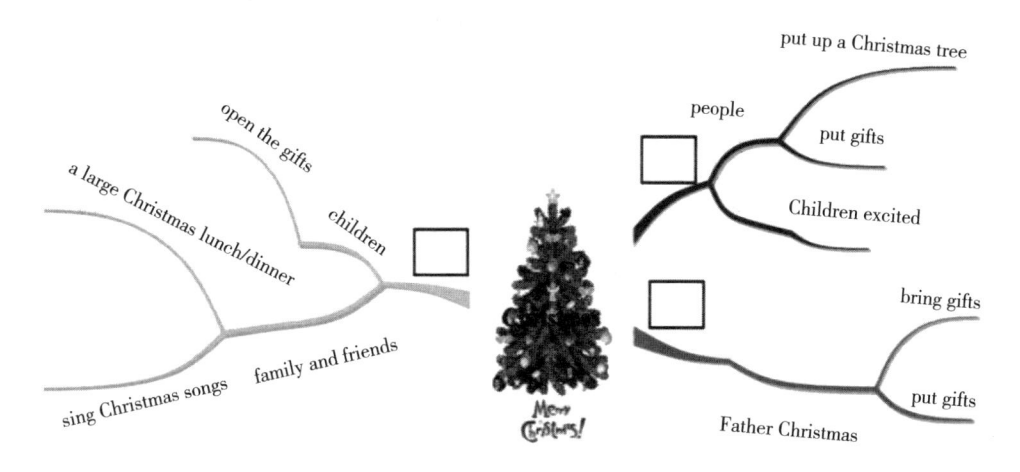

思维导图节点：
- a large Christmas lunch/dinner
- open the gifts
- children
- sing Christmas songs
- family and friends
- put up a Christmas tree
- people
- put gifts
- Children excited
- bring gifts
- put gifts
- Father Christmas

六年级上 *Christmas*
Retell
Christmas is the most important festival in many countries, and it is always on Dec. 25th. Before Christmas, people _____. Father Christmas _____. On the night before Christmas he _____. On Christmas, the children _____. And the people _____. Everyone is really happy.

图6-2-5 支持英语复述的思维导图

（3）"读写创"式活动

以创为本的"读写创"式活动采用读写结合的方式，进行剧本创作、绘本创编、主题写作和故事续写等。写作完成形式可分为个人创作、小组创作、班级接力创作。

剧本创作是一项集语言学习、思维训练、综合运用于一体的高阶思维活动。学科教研组教授人教版《英语》五年级上册（三年级起点）"Unit 1 What's he like？"时，设计了一个表演任务——以小组为单位，改编并表演课本剧。任务需要小组合作完成剧本，再根据剧本进行表演。学生们在创作中积极讨论、大胆创新，部分小组还将单元情境进行了迁移，将旧知运用到了一个新的场景。Unit 1的主题情境对话主要谈论的是师生的外貌、性格和职业。学生圆梦组学习活动将场景迁移到超市，创作了一个在超市偶遇朋友的剧本。剧本语言丰富，情节合理且有趣，学生在思维的碰撞中有效运用了知识。后期，剧本的演出进一步激发了学生持续学习英语的兴趣。

3. 创造物化类迁移创新活动

此类活动形式主要根据项目学习的方式来设计和实施。项目化学习是建立在杜威的"做中学"理论基础之上的，这一理念强调通过实践经验来学习，而非仅仅通过书本知识。克伯屈，作为杜威的学生，进一步发展了这一理念，提出了设计教学法。这种方法鼓励学生在设计和实施项目的过程中，自主学习和解决问题，从而实现对知识的深入理解和掌握。它以创造性地解决问题为目标，通过设计真实、富有挑战性的大概念任务及驱动问题，引导和指导学生在一段时间内持续探究，尝试创造性地解决问题，形成相关项目成果；体现学科或跨学科的核心概念和原理，以项目成果展示学生具备专家思维的实践活动，培养学生的跨学科思维和实践能力。创造物化类迁移创新活动分为英语学科项目和跨学科项目两类。

案例5："一场穿越时空的汉服之旅"是课题组"讲好中国故事"系列课程中的一个以英语为主学科的跨学科项目。课题组围绕"一场穿越时空的汉服之旅"主题，分别从语文、数学、英语、美术、音乐、综合实践的角度学习和探究寻汉服之源、绘汉服之魂、创汉服之美、展汉服之韵（见图6-2-6）。

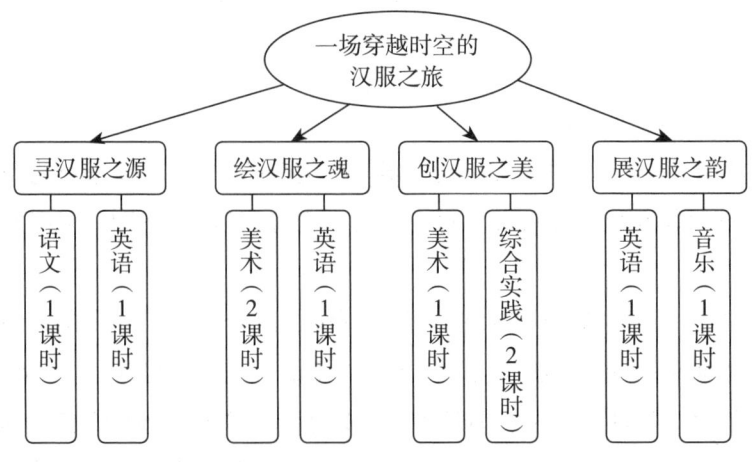

图6-2-6 "一场穿越时空的汉服之旅"英语跨学科项目设计与实施

三、"评价导力"双导向英语课程评价的实施

形成性评价与终结性评价相结合,有利于落实核心素养。终结性评价以期末质量监测、少儿英语剑桥考级、剑桥通用英语KET考级作为评价方式,考查学生听、说、读、写的能力;形成性评价通过学生档案、英语文化墙、线上作品展示、英语学科活动、浸润式英语闯关、戏剧表演等各种方式对学生的学习主动性、参与度、创造力等进行考量,并提供评价反馈与帮助,建立生本化、立体多元的英语课程评价体系,驱动学生学习英语的内动力。以单元作业评价改革为突破口,能有效保障深度学习的效率。

(一)基于单元,整体设计作业目标

作业在教学环节中占据重要地位,它不仅是对课堂教学的有益补充,更是其内容的进一步拓展和深化。单元教学目标与单元教学作业目标的统一,能有效帮助学生在课后持续推进深度学习。

案例6:人教版《英语》五年级上册(三年级起点)"Unit 3 What would you like?",教师围绕单元主题设计了"发现美食""制作美食"和"宣传美食"三个子任务,目标设计见图6-2-7。

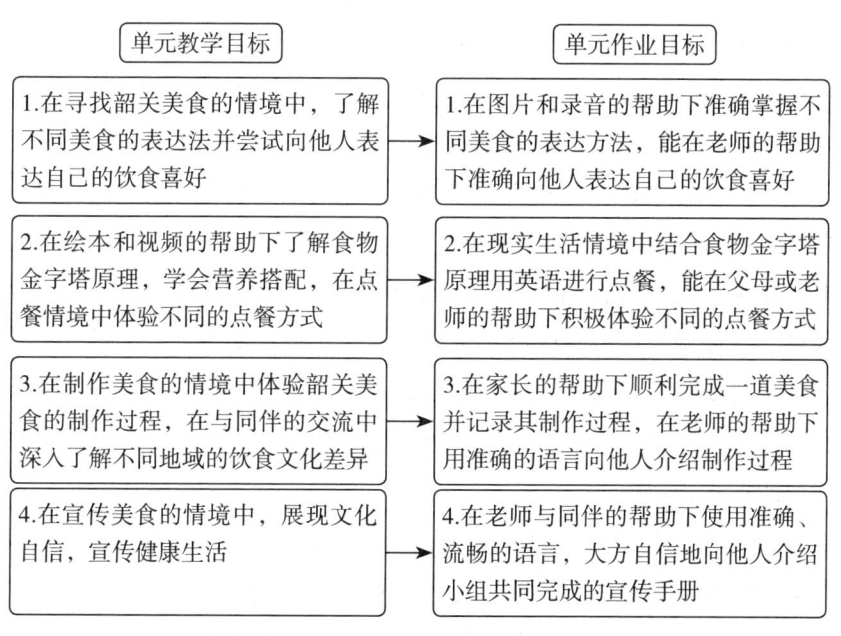

单元教学目标	单元作业目标
1.在寻找韶关美食的情境中,了解不同美食的表达法并尝试向他人表达自己的饮食喜好	1.在图片和录音的帮助下准确掌握不同美食的表达方法,能在老师的帮助下准确向他人表达自己的饮食喜好
2.在绘本和视频的帮助下了解食物金字塔原理,学会营养搭配,在点餐情境中体验不同的点餐方式	2.在现实生活情境中结合食物金字塔原理用英语进行点餐,能在父母或老师的帮助下积极体验不同的点餐方式
3.在制作美食的情境中体验韶关美食的制作过程,在与同伴的交流中深入了解不同地域的饮食文化差异	3.在家长的帮助下顺利完成一道美食并记录其制作过程,在老师的帮助下用准确的语言向他人介绍制作过程
4.在宣传美食的情境中,展现文化自信,宣传健康生活	4.在老师与同伴的帮助下使用准确、流畅的语言,大方自信地向他人介绍小组共同完成的宣传手册

图6-2-7 人教版《英语》五年级上册(三年级起点)"Unit 3 What would you like?"单元教学和单元作业目标匹配图

（二）基于单元，分类设计作业内容

1. 紧扣单元知识目标，设计复习巩固类作业

在设计单元作业目标的时候首先要考虑的是复习和巩固单元核心知识。在设计的过程中既要紧扣单元教学目标，又要根据各个年级知识之间的纵向联系和各个单元的横向联系，以单元教学主题为主线，结合学生的实际学情、认知水平、年龄特征等特点布置作业（见表6-2-4）。

表6-2-4 复习巩固类作业

适用年级	作业类型	作业内容
一、二年级	创编歌谣	Try to make a new chant about animals
三、四年级	趣味单词本	Try to make a funny word book of this unit
四至六年级	思维导图	Try to make a mindmap of this unit
五、六年级	仿写明信片	Please write a postcard to your family or your friend, tell them the weather in your city

2. 整合单元关联话题，设计拓展延伸类作业

迁移和运用是深度学习的主要特征。在单元主题的基础之上，通过横向关联同册书、纵向关联不同册书或其他学习资源的相关语言知识信息设计单元作业，有利于达成在情境中运用知识的目的，实现有效拓展。

案例7：人教版《英语》三年级上册（三年级起点）Unit 4 We love animals，学生在学完动物主题词汇后，用橡皮泥制作了自己喜欢的动物，结合"Unit 2 Colour！"和"Unit 3 Look at me！"的相关句型对自己喜爱的动物进行描述，加深了理解，巩固了知识，实现了拓展。

3. 挖掘单元育人元素，设计综合实践类作业

深度学习强调知识的关联度和价值建构，注重对学生进行学科育人教育，形成正确的价值观。综合实践类作业强调学习情境的复杂性、任务的综合性和跨学科任务，促进学生知识应用和解决问题方法的横向迁移和远端迁移，指向语言学习的迁移和创新。

（1）调查性主题作业。调查性主题作业主要是通过口头调查或者问卷调查完成，能有效提升学生的英语交际能力及获取、处理和使用信息的能力。以人教版《英语》五年级上册（三年级起点）为例，Unit 1可针对人的外貌特征及身

体特征进行调查，Unit 2可开展日常活动调查，Unit 3可设计饮食喜好的调查，等等。

（2）表演型主题作业。表演能够把"触及心灵深处"的情感表达出来，是一种深受小学生欢迎的学习成果表现形式。表演型主题作业包括配音表演、对话表演、故事表演、故事演讲、歌曲歌谣表演等。人教版《英语》教材的每个单元都配有相关主题的歌谣，同时，社交媒体也有丰富多彩的主题英语歌谣，在课后可以布置相关的歌谣让学生学习并进行表演，如学生在学完了Season这一单元的知识后选择自己喜欢的歌曲进行表演，在表演的过程中既能巩固单元学习内容，又能提升学习的趣味性和学生主动参与的积极性。小学生活泼好动、喜欢表演，老师可以利用每个单元的"Story time"布置创编表演作业，学生以小组为单位提取、梳理故事中的关键信息，分析、重构故事，共同推敲、打磨后在班级进行表演，学生们在重构故事的过程中联系自己的生活经验对故事情节进行重新建构，虽然源自同一个故事，却有着不一样的表演。在表演的过程中，学生通过充分吸收语言知识，联系生活中的情感体验进行表演，在动口、动手、动脑的过程中，一方面语言知识在新的情境中得到迁移或创新，变机械学习为有意义的学习，另一方面又可以培养学生良好的语音语调基础，从而真正培养学生的语言综合运用能力。

（3）主题项目式学习作业。有研究表明，项目式学习基于问题、基于探究、基于项目，是一种具有创造性和实践性的学习方式，能够有效促进深度学习。项目式作业以真实情境为出发点，通过项目任务的引导，鼓励学生自主探究，以此整合多学科知识。这种作业形式不仅融合了思维素养的培养，还塑造了一种深度学习的模式，从而有效地锻炼和提高了学生分析和解决问题的能力。布置项目式学习作业，让学生在真实的任务中有目的地进行探索，深入探究重要的学科内容，有效提升学科核心素养和能力。

案例8：人教版《英语》五年级上册（三年级起点）Unit 6 In a nature park。本单元聚焦于自然公园这一主题，以Miss White引领孩子们游览自然公园的情节为主线，引导孩子们在实地参观中了解并熟悉自然公园的各种景观。在游览过程中，孩子们将学会灵活运用"There is/are..."和"Is there/Are there..."等句型，来描绘和询问自然公园中的景物以及它们之间的相对位置关系。通过对本单元自然公园的学习，引导学生走进大自然、亲近大自然、认识大自然、热爱大自然。本单元的项目式学习作业是"寻找韶关最美自然公园",学生以小组合作的形式进行探究学习和汇报,汇报形式不限,可以是小报、海报、手册或者PPT。在项目式学习过程中,学生对真实问题进行探究,从而获得学科知识的核心概念,在这个过程中他们的自主性乃至创新意识不断增强。

小学英语"四力驱动"的育人体系提升了英语学科协同育人的效率,形成了"四力"合力育人新局面,最终实现英语学科育人的理念、方法、工具、资源、过程和评价反馈的活动化和课程化。

四、省级学科基地学校辐射引领

浈江区碧桂园外国语学校继2020年英语学科教研组被评为韶关市先进学科教研组后,2021年又被评选为广东省基础教育小学英语学科教研基地学校。

自加入省教研基地后,在广东省小学英语学科教研基地交流平台的引领下,在王慧蓉副校长的带领下,学校英语学科教研组通过校际联点教研、区域联动教研、跨区域联合教研等多种方式,充分发挥学校作为广东省以及韶关市小学英语教研基地学校的示范、引领和辐射作用,实现教学资源和成果的共享,与基地联盟学校、联点学校构建教研共同体,互通教研路径,保持联动教研,强化学科教研组的区域辐射力(见图6-2-8)。

图6-2-8 浈江区碧桂园外国语学校英语基地学校授牌仪式

(一)校际联合教研

在韶关市教育研究院的指导下,学校作为基地校与三所学校成立教研基地学校教研共同体，通过组织骨干教师送教下乡、交流分享等方式辐射带动三所区域内学校的教学教研，促进联点学校之间的互动和交流，实现共同发展。2021年12月9日，学校派出两位老师参与教研基地学校送教下乡活动，在南雄市第一小学展示了两节基于大观念的接力课。通过这种校际的交流共研，加强了教研共同体之间的交流互动，形成教研合力，提高教师的能力和素养，促进区域教师队伍建设再上新台阶。

（二）区域联动教研

自加入省教研基地以来，学校英语学科教研组积极承担韶关市教育研究院组织的区域联动教研活动。如："小学英语课堂项目化教学研讨"在线直播活动、韶关市"指向深度学习的小学英语阅读教学"在线研讨活动、"指向深度学习的小学英语教学多模态育人环境创设"研讨活动、"基于英语学习活动观的小学英语教学实践"研讨活动等。通过线上研讨活动，发挥共同体教研这一桥梁和纽带作用，实现优质资源的共建、共享，最后达到共赢，共同推进区域学校的优质均衡发展（见图6-2-9）。

图6-2-9 浈江区碧桂园外国语学校英语基地学校送教下乡到南雄第一小学

（三）跨区域联合教研

在佛山、韶关和湛江三个教研基地开展的"南方教研大讲堂"第44场的跨区域联合教研活动中，本校周文婕老师作为韶关市代表之一亮相"南方教研大讲堂"。本次活动面向全广东省教师，聚焦一线教师在实施单元整体教学过程中的困惑，聚合了广东省义务教育英语学科佛山、韶关、湛江三个教研基地的研究成果和实践经验，为一线教师提供可借鉴、可推广的实践经验与做法，生动阐述了教研对基础教育高质量发展的专业支撑作用。据统计，本次活动吸引全国线上参与学习人数达58.42万人次（见图6-2-10）。

图6-2-10　浈江区碧桂园外国语学校周文婕老师参加南方教研大讲堂说播课

成绩的取得是团队所有教师辛勤付出的成果，学校英语学科教研组将继续总结经验，继续脚踏实地，务实创新，行稳致远。碧外小英团队，一直在路上……

（本节内容主要执笔人：韶关市浈江区碧桂园外国语学校
王慧蓉　郑叶敏　张雪勤）

第三节 浈江区风采实验小学校本教研实践

韶关市浈江区风采实验学校以"风采九年、出彩一生"为教育价值追求，倡导"人人能发展，个个都出彩"的办学理念，将"超越自我，绽放精彩"作为校训，坚持"向上求真，善美与共"的校风、"为人师表，释爱传道"的教风和"勤思养正，雅气阳光"的学风。学校英语学科教研组以课程建设、教学模式研究为抓手，通过课程、课题、课例研究与实践开展研训活动。

一、团队介绍

基地学校英语学科教研组是一个富有朝气、充满活力、爱岗敬业的英语教学团队。教师们以高尚的师德和严谨的治学态度赢得了学生和家长的认可与尊敬。基地学校英语学科教研组教师共有11人，是一个经验丰富、精神饱满、锐意进取的教研团队，还有年轻而富有冲击力的后备力量。团队遵循外语教学规律，努力学习并实践课程标准，不断更新教学理念，课堂教学坚持以学生为主体，鼓励学生积极参与语言实践，以提高学生综合运用英语的能力。

团队秉持"人人能发展，个个都出彩——出彩教育"的教学理念，重视对教学理论的学习，并将所学到的教育教学理论融入课堂教学实践当中，不断提高课堂教学效率，以达到将中西方文化融入课堂教学实践中的目的，让学生感受中西方文化的差异，将所学语言知识运用到实际生活中。

二、教学管理与校本研训

（一）严抓教学常规

学校的教学要向管理要质量。在学科教研组的日常教学管理工作中，首先，要做到有计划、有落实、有检查、有总结，严格执行过程化管理。学科教研组成员都要制订个人本学期的教学计划，计划内容包括：①本学期的教学内容、教学目标、教学课程进度安排；②每学期推出一节校级以上公开课；③每学年撰写一篇学术论文；④每学年至少有一个成功的教学案例；⑤每周要听一节组内成员的常规课；⑥骨干教师每学年要上一节校级以上示范课。

其次，在教导处的牵头下，以学科教研组为单位，每月开展两次教研活动，并做好记录，加强过程管理。

最后，每个学期期末，每位教师要对自己一学期的工作进行总结，并上交个人教育教学工作总结。总结内容包括：①本学期的教学目标与教学任务完成情况；②本学期教学工作中的优缺点和存在问题；③本学期学生的变化情况；④今后教学的改进方法与措施。除此之外，每位教师还要上交期末材料，内容包括：①一学期的听课笔记与课堂教学评价；②一学期的教案；③公开课教案、课件与活动图片；④学生培优辅差情况记录表；⑤特色作业。另外，学科教研组组长还要收集好本学期小组成员的公开课材料和校园活动的相关资料。

（二）注重教育教学理论学习

一般情况下，学科教研组要求提前将下周集体教研活动的中心发言人、教研内容和研究方式等信息上报教导处。每位教师就下周的教研主题自行开展理论学习。在集体教研活动时，教师们通过交谈的方式分享学习心得体会，达到资源共享的目的。一要重视外出培训学习。学科教研组要抓住每一次的网络和现场学习的机会，积极参加每一次的培训学习。每一次学习完，教师们都要写一篇学习心得体会。二要注重个人理论修养。学科教研组成员一直保持着"活到老学到老"的心态，做到与时俱进，转变教学观念，跟上时代步伐，不断提高自身素养。三要开展校园活动，营造英语文化氛围。学科教研组秉承"人人能发展，个个都出彩——出彩教育"的教学理念，注重开展校园活动，如英语书法比赛、英语朗读比赛、英语手抄报比赛、英语画思维导图比赛等，丰富学生的课余生活，使学生对英语的实际使用耳濡目染，促进学生的身心健康发展。

三、聚焦思维导图与深度学习

利用思维导图建立知识体系，巩固知识。学生每天都在学习，每天都会接触新的知识或者巩固新的知识，但是很多学生不知道自己学的知识跟前几天学的、上学期学的、前几个学期学的知识有什么关系，也不知道如何将每天所学习的知识进行整理，更加不知道整理知识点的意义是什么，以为就是将知识点重新抄一遍就行了。这样的状态不利于学生掌握完整的知识体系，而运用思维导图，可以帮助学生建立系统的知识体系，帮助学生进行重点知识的学习和复习，是一种比较有效且有趣的方式。

（一）思维导图与知识的结构化教学

"思维导图"这一概念起源于20世纪60年代。当时，英国学者东尼·博赞在深入研究脑神经生理学的基础上，受到自然万物放射性形态的启发，进一步对人的书写习惯进行了详细分析，并结合他在帮助学习障碍者的实践训练中的经验，最终逐步发展出了关于放射性思维及其可视化图形表示的重要理论成果。思维导图是一种直观的图形，相当于心智图、脑图、流程图、示意图，让人一眼就能够明晰图形表达的内容。通过思维导图，人们可以将看似零散、杂乱无章的知识点结合起来，形成一个明确的知识体系，也可以更直白地表达某一观点。人的大脑对图形的处理优于对文字的处理，对图形的刺激比对文字的刺激更加深刻（见图6-3-1）。

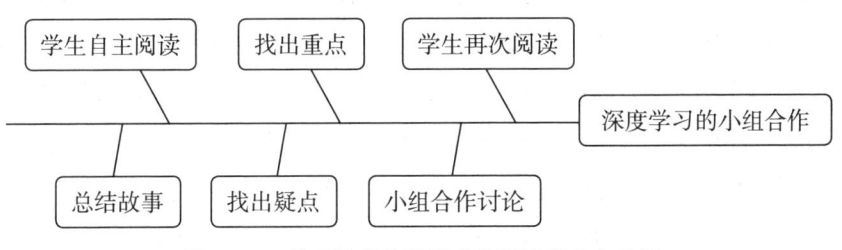

图6-3-1　基于思维导图形成的深度学习鱼骨图

美国心理学家、教育家布鲁纳认为：所有的知识都具有层次的结构，这种具有层次结构性的知识可以通过一个人发展的编码体系或结构体系（认知结构）表现出来。教学可以用结构主义的观点去思考如何整合知识，培养学生的结构化思维能力。教师在教学实践中确实也做了一些研究，在授新课、练习课和复习课以及单元备课上都可以培养学生的结构化思维。此外，在研究中还发现，思维导图是非常实用的教学工具，它能够将一个复杂的知识体系简单化，将零散的知识系统化。结构化教学侧重于从知识的整体发展和内在联系出发，运用联系与发展的视角，将那些看似孤立、碎片化的知识点整合成一个有机的知识体系。这种方法不仅有助于学生更好地理解和掌握知识，还能促进他们形成良好的思维模式。结构化教学强调的是对学生学习方法和过程的指导，它着重展现知识元素的发现是在具体的结构化教学情境中的认知过程，旨在引导学生从表面的学习层次达到深度学习的境界。

（二）思维导图支持的知识结构化教学

思维导图更有利于我们研究结构化教学，它运用的范围非常广，不仅在授新课、复习课、练习课时可以将知识脉络展示清楚，使学生更有效地掌握单元的所有知识点，还可以用于教师备课，辅助教师把握单元整体知识框架。从现阶段我国小学英语的教学现状来看，大部分学生依然在进行单词的死记硬背，能够依据单词记忆的相关技巧将英语单词的音、形、意、用结合起来教学，虽然是个挑战，但是确实是词汇教学的必由之路。对于小学生来说，需要记忆的英语词汇很多且单词之间存在一定的相似度，很多学生在学习中会出现单词记忆困难、单词记忆混淆的情况。因此，如何在增加学生的词汇量的同时来降低学生的记忆难度，成为众多小学英语教师需要或者正在思考的重要问题。

以小学高年级的英语教学为例，英语教学中课文的篇幅相对较长，词汇量也比较大，结构掌握也具有一定的难度。例如在"Chinese festivals"的课文学习中，虽然本篇课文的整体结构框架比较清晰，但是课文内容较长，并包含很多学生不熟悉的单词，因而教师在进行教学时就可以充分利用思维导图让学生明晰课文学习的要点线索，向学生介绍课文的大致内容，进而为学生明确学习目标和要求，帮助学生进行课前预习。又如在人教版（三年级起点）六年级上册Unit 3 My weekend plan的课文教学中，将"weekends"作为关键词进行提取。话题作文的写作是小学英语教学中的重难点，因为该教学内容需要以学生一定的词汇量为基础，进而考查学生利用已有的词汇进行组句、达意的能力，例如在进行作文"Introduce myself"的教学时，就可以将"myself"作为发散的中心，向外扩散至name, school, family, age, dream等，又可以以"dream"为思考中心，扩散至teacher, doctor等。利用思维导图为学生建立起清晰的写作结构并发散学生的写作思维。

四、基于信息化资源指导深度学习

深度学习是通过教师的引导，学生能够对新旧知识进行主动建构，在推动高阶思维发展的同时也能获得深层次的情感体验。

（一）深度学习的重要属性

"深度学习"的三个视点——主体性、对话性、协同性，正是应试教育课堂的缺陷所在。[①] 首先，从其主体性来说，深度学习体现了以学生为主体，学生发挥其主观能动性，凭借自己的能力去解决问题，最终再把所学内容和自身联系在一起，并与过去所学内容融合在一起，形成迁移和应用。其次，从其对话性来说，深度学习是指自我构建、世界构建和社会构建，分别是自身、世界、他人三位一体的学习过程。最后，从其协同性来说，深度学习所指的学习并不是独白式的表达，而是以师生间、同学间的相互沟通为基础的。

基于深度学习的小学英语整体单元教学可以有效解决上面的问题。深度学习是一种以学生学习为核心的学习方式，它要求学生在教师的引导下，能够自主地基于理解去建构知识，同时能够在真实的情境中主动求知和解决问题。这种学习方式强调从传统的以教师为中心、以内容为重点的教学模式，向学生为中心的教学模式转变。这就要求教师的教学方式要从过去的"满堂灌"转变为更加"少而精"的教学模式，更多地承担起为学生构建语言学习支撑体系的角色，使得小学生能够自主地攀登到学习的高峰。

（二）信息化深度学习的校本化实践

深度学习是教师、学生、知识三者的有机统一，是培养学生学科核心素养的基本途径。从深度学习的角度审视小学英语教学，教师需要在教学中充分发挥主导作用，利用先进的信息技术手段，在学生的"已知"和"未知"之间搭建桥梁，创设语境，加强语言信息刺激，精心设计教学活动，激发学生的学习兴趣，鼓励学生通过观察、比较、探究、辨析等学习方式发展高阶思维，培养实践能力，形成正确的品格，提高核心素养。例如在英语教学中，教师可以使用问卷星、微课、希沃白板和电子书包等激发学生的学习兴趣，发展其高阶思维。

如果学生能利用自主学习任务单和微课（微视频或其他学习资料、资源的链接）进行预习，就会在接受有效学习方法建议的前提下，完成本节课的学习任务，再在教师提供的学习平台上完成几道检测题，学生提交答案后，马上就

[①] 钟启泉. 深度学习的内涵和设计——课堂转型的标识[J]. 全球教育展望，2021，51（1）：14-33.

能知道自己哪些题目做错了，然后继续思考，独立或小组内讨论解决，若解决不了，就带着问题去听课，有的放矢，从而提高课堂学习效率。教师可以通过问卷星收集数据，了解学生的学情，从而确定下一节课的教学重难点，从而有效发展学生的英语核心素养。

（三）基于英语单元整体教学的深度学习

小学英语单元整体教学，指的是教师在对《义务教育英语课程标准（2022年版）》、教材等指导性教学资源进行深入分析，并充分了解学生实际情况的基础上，针对每个教学单元提炼出一个相对完整的主题，然后围绕这个主题设计和实施整个单元的教学活动。单元整体教学是实现深度学习的一种重要的实施路径和方式，在这个过程中，小学生通过具体的主题引领，以各种各样的语篇为依托，运用多种学习策略，学习语篇中所呈现出来的语言知识和文化知识，深度思考、挖掘和分析语篇的内涵，用英语交流、探讨语篇的主题意义，逐步发展语言能力、文化意识、思维品质和学习能力，最终实现课堂从浅层学习到深度学习的转型。

1. 必须关注教学目标的整体性和递进性

以人教版《英语》四年级下册（三年级起点）Unit 5 My clothes为例，本单元的主题是谈论身边常见的衣物的名称，以及名词所有格的正确使用。本单元总的知识目标是学生能听、说、认读衣物类单词：clothes, hat, skirt, pants, dress, coat, shirt, jacket, sweater, shorts, socks；能在情境中运用句型"Are these yours? Yes, they are. / No, they aren't. Is this John's? Yes, it is. / No, it isn't."询问并回答物品的主人；能在情境中正确运用句型"It's Mike's. They're Chen Jie's."表述物品的主人和名词所有格；学习疑问词"Whose"的运用。

这个单元目标在每一课的单课时目标中被科学有效地划分，通过各课时的具体实施积累而成。第一课时需要达成的教学目标是听、说、认读词汇：pants, clothes, skirt, dress, hat。第二课时需要达成的教学目标是理解、运用句型"Is this John's? Yes, it is. / No, it isn't. Are these yours? Yes, they are. / No, they aren't."，以及名词所有格的表达和具体含义。第三课时需要达成的教学目标是通过拆音、拼音和分类等活动让学生掌握规律，培养学生的语音意识，为拆分、拼读新单词打下良好的基础。第四课时需要达成的教学目标是听、说、认读单词：socks, sweater, jacket, coat, shirt, shorts。第五课时需要达成的教学目标是听、说、认读本课时主要句型"Whose pants are those? They're your father's. Whose coat is this? It's mine.",以及感知疑问词Whose的运用。第六课时需要达成的教学目标是对整个单元新知识的综合理解和运用。而本单元的情感目标确定为树立朴素大方的审美观,养成不挑吃、不挑穿,及时整理个人物品的好习惯,每个课时的情感目标应做到层层递进。

2. 重点关注对教材内容的适切补充,开展文本重构

教师在对教材进行重构的过程中必须注意以下几点:教学的话题、教学的内容、学生的理解能力以及学生的学习接受能力。比如,在人教版《英语》三年级下册(三年级起点)"Unit 5 Do you like pears?"中,内容主要为apples,oranges,pears等关于水果的询问方式。在对此类话题进行再构的时候,教师应该要了解到小学生平时喜欢什么水果,在教学的过程中可以将pears替换为其他学生喜欢的水果,例如樱桃(cherry)、草莓(strawberry)、椰子(coconut)、红枣(Chinese date)、榴莲(durian)、荔枝(lichee)等,这样会与学生的现实生活产生联系,使得学生对学习的内容感到亲切、熟悉。这样不仅能够增强话题的现实感,而且能够有效地提高话题再构的效率。

3. 关注教学活动的循环性、持续性以及拓展性

在教学材料中,单元整体教学的循环特性展现在分课时的教学内容与形式上。每一课时的教学内容都会包含对之前所学知识的回顾与加强,每一个围绕单元核心话题展开的教学活动都是在不断重复中逐渐提升。而单元整体教学的持续性则体现在宏观与微观两个层面。从宏观视角看,学生通过一个单元的学习,能够掌握哪些有效的学习策略以助力其未来的学习进程?从微观角度分析,教师可以通过深入研究教材,找到一个恰当的切入点,挖掘文本的深层信息,并利用一些开放性的问题来延伸后续的学习活动。

4. 关注学习活动的设计,促进核心素养的有效形成

英语学习活动观强调学生在主题意义的引领下,通过一系列具有综合性、关联性和实践性特点的英语学习活动——如学习理解、应用实践和迁移创新来提升自己。这些活动建立在学生已有知识的基础之上,依托于不同类型的英语文本。在分析和解决问题的过程中,学生的语言知识得以丰富,语言技能得到提高,文化内涵获得更深理解,多元思维能力得到发展,价值取向更加明确,同时学习策略也得到更好的运用。

五、基于学习活动观指导英语深度学习和评价

学习活动观有三个基本特征：一是学习活动目标指向学科核心素养发展；二是重视课程内容的整合性学习，设计综合性学习活动；三是体现认知和运用维度：学习理解—应用实践—迁移创新。深度学习是教师在设置具有挑战性的问题情境下，学生全心投入并通过高级认知活动参与的有意义学习。在这一过程中，学生需要对新知识和内容进行批判性思考，与原有认知结构相融合，连接不同的思想，并将已有知识灵活应用于新的问题情境，以便做出明智决策和解决实际问题。

在进行单元整体教学设计时，可设计学习理解、实践应用和迁移创新三个层次的活动，以逐步实现语言体验、实际运用和创造性使用的递进目标。在此过程中，教师需要基于学生现有的知识水平，通过引导学生探索意义与解决问题，来培养他们的综合语言应用能力，提升其思维品质，帮助其吸收文化精髓，并最终落实英语学科的核心素养培养。

（一）深度学习的小组合作学习在课前预习中的应用

课前预习是学习的一个重要方法，教师可以先把预习新课的内容和要求告知学生，让其根据要求查阅新词和课文、对话。各小组要把组内无法解决的疑难问题记录下来，然后把记录交给教师，这样教师在新授课堂中就可以有针对性地解决这些学生在预习时遇到的不会的、组内无法解决的问题。利用小组合作进行深度学习体现了教学的"第一次倒转"。"第一次倒转"是指教学是直接从认识开始，有目的地指向人类已有认识成果的学习。"第一次倒转"反映了教学认知不同于一般人类认知的根本特征，具有理论和实践的双重决定性意义。

（二）深度学习的小组合作学习在词汇型课堂教学中的应用

由于教学时间紧、学生多，教师要对基础较差的学生做单独的一对一辅导是有很大难度的，深度学习的小组合作学习的优势在这种时候就显露出来了。教师先对小组中部分能力较强学生的发音进行检查纠正，然后由这些学生去辅导同组中发音较差的学生，最后进行小组与小组之间的比赛，这样做既可以给学生多一些开口的机会，又可以减少学生的心理压力，提高学生主动学习的热情。小组成员之间相互鼓励和监督，体验到学习的快乐和做作业的乐趣，从而提高学习的积极性。

（三）深度学习的小组合作学习在对话课教学中的应用

合作小组学习可以帮助学生避免机械记忆，加强对话练习，提高语言水平。教师先提出主题，合作小组的每个成员根据个人情况进行准备，然后在小组中进行集体交流和总结，如选出代表在课堂上发表演讲。一是能帮助学生"实际地"体验发现和构建知识的过程；二是能"再体验"不仅让学生获得和拥有"可说"和"分析"的知识，还让学生将这些知识的学习"说"出来，让你"看到"和"体验"到智慧等被分析为"只能理解，不能表达"的词。

（四）深度学习的小组合作学习在阅读课教学中的应用

在阅读课堂教学中，学生可以自主阅读故事或课文，总结故事或课文内容，找出故事或课文的重难点和疑点，然后教师可以创设一些特别有代表性的问题，小组合作讨论。每个学生都可以自由说出自己的意见和建议并做好笔记。最后每个小组派一名代表发言，然后全班选出最佳答案。教师再鼓励合作小组多提出开放式问题，共同讨论，请学生再次阅读。学生从已有的经验和现实的层面出发，以典型而简洁的方式体验、发现知识构建的关键环节和社会背景，并探索自己的思想历程，体验人类探索实践的思维过程和价值观，评估知识以及发现和构建知识的过程。学生也能获得更清晰的思维和思路，促进深度学习。

深度的教学评价应以学生个体的发展水平为评价标准。在知识评价上，要考虑学生个体的英语学习水平，以学生取得的进步为基准。在情感态度价值观上，要考虑学生的个性差异，同时注意学生情感态度的真实性、层级性。不同学生对同一事物有不同的情感取向、价值判断等。学生对于来自教师或同学的评价会给予高度关注。这是因为，无论是正面的鼓励还是负面的指正，都反映出教师或同学们在关心自己的学习进展和成果。这种关注对学生而言，不仅是对其学习表现的一种认可或建议，更是一种心理上的需求。下面针对人教版《英语》六年级上册（三年级起点）Unit 2 Ways to go to school制定了以下的评价量表（见表6-3-1和表6-3-2）。

表6-3-1 基于英语单元深度学习的评价量表

项目	评价内容及评级分值		
	优秀（5分）	良好（3~4分）	继续努力（3分以下）
分工协作	小组成员有明确的分工、协作，且均能完成各自的任务	小组成员分工明确，能进行协作交流，基本完成各自的任务	小组成员之间分工不明确，未能完成任务
信息来源	世界各地的儿童上学方式受地理条件差异和气候的影响，学生能从教师推荐的课程资源中去寻找，也可以从教师推荐的资源网站下载，或自主寻找下载	世界各地的儿童上学方式受地理位置和气候的影响，学生仅能从教师推荐的资源中去下载和使用	世界各地的儿童上学方式受地理位置和气候影响，学生仅能从教师推荐的网站资源中去下载，不太会使用资源
信息加工	准确合理运用所学音乐知识技能及语言智能，对获取信息进行加工处理和整合，并且展示效果好	较准确合理应用音乐知识技能及语言智能，对获取信息进行加工处理和整合，并且展示效果较好	能应用音乐知识技能及语言智能，对获取信息进行加工处理和整合，展示效果一般
成果要求	成果展示设计独特、合理，观赏性强，背景音乐运用及时准确	成果展示设计合理，观赏性较好，背景音乐运用及时准确	成果展示设计较合理，观赏性一般，背景音乐运用及时
总分16分（含）以上为优秀，12~15分以上为良好，12分以下为继续努力			

表6-3-2 英语单元探究性学习学生自我整体评价表

探究性学习名称		探究性学习时间	
参加者			
自我评价	通过探究性学习，你对本节课的研究有何体会？有何思考？		
	在本次探究性学习中，你遇到了什么困难？是怎样解决的？		
	你对自己在探究性学习中的表现满意吗？		
	你在小组交流中，愿意听取别人的意见吗？		
	你乐意参加这样的探究性学习吗？		
	对教材设计的探究性学习，你有什么改进意见？		
小组评价			
老师评价			

基地学校本身具有示范引领的义务，也有优先参与省级研训的条件。基地学校应该既着眼于基地自身的发展，充分发挥窗口作用；又着眼于基地的辐射作用，强化示范效应，以基地学校带动辐射区学校，能动地实现教育的共赢局面。

（本节内容主要执笔人：雷卫锋　钟淑瑛　唐雅明）

第四节 浈江区执信小学校本教研实践

韶关市浈江区执信小学是一所弘扬"学君子品质,立君子人格"办学理念的优质学校。其在长期办学过程中提炼出"谦谦君子,与人为善"的校训,"仁爱明理,知行合一"的校风,"博学品正,教书育人"的教风,"博采众长,全面发展"的学风,培育出一批又一批品学兼优的学生,优质的师资和教学质量得到了家长和社会的广泛赞誉。

一、英语教研团队简介

韶关市浈江区执信小学位于美丽的浈江河畔。这里有浈江区小学中规模最大、师资最强的英语学科教研组。该校英语学科教研组曾被评为广东省先进学科教研组、韶关市首批先进学科教研组以及浈江区优秀学科教研组。韶关市浈江区执信小学英语学科教研组现有13名专任教师,是一个锐意进取、朝气蓬勃的专业团队。

二十几年以来,英语学科教研组遵循"以人为本,自主发展,开放创新"的教育理念,坚持"规范求质量,科研求发展,特色求声誉"的学科教研组发展思路,追求"建品牌学科教研组,塑新型教师,育健全人才"的育人目标。学校是学科基地负责人吴秉健老师曾经任教的学校,执信小学英语学科教研组多年来在市、区教研员的共同关心和指导下,在学校英语学科教研组骨干的示范引领下,认真学习教学理论,探索教学规律,奋力推进素质教育。经过不断克服各种挑战,学校英语学科教研组的建构日渐完善,并持续取得显著的进步。现在,这个团队已经塑造了一种脚踏实地、教学严谨、团队协作、勇于领先的工作环境,成为一个既有凝聚力又富有战斗力的优秀集体。为学校培育出了多名市、区级的优秀骨干教师,为韶关市的小学英语优质均衡发展不断做出新的、更大的贡献。

在教研规划方面,由于学校地处粤北山区,师资力量与发达地区相比差距很大,所以一直采取循序渐进、稳步推进、结合课题研究的方式提高教师的综合素养。课题研究与教学反思是英语学科教研组建设的强大助力,信息技术与英语学科深度融合的研究就是执信英语人二十多年课题研究的传承与发展。从吴秉健老师参与"信息时代学习理论与实践"的教育部重点课题研究开展了全球协作学习,到游陆莲老师的"信息时代网络环境下的英语学习方式",再到陈玉玲副校长主持的市级课题"基于小学英语课堂智慧学习与合作学习深度融合的行动研究"、潘星好老师主持的区级课题"'一起作业'网络平台提升学生语言综合技能的实践与研究"以及叶平平老师主持的区级课题"基于移动终端支持的小学英语对话教学模式等研究",英语学科教研组二十多年来从未间断课题研究与推广,深深地体现了执信小学英语学科教研组的教研文化传承及奋斗历程。在课题研究与推广过程中,构建了网络环境下的课前异步式自主学习、课堂同步式合作交流、课后异步式扩展交流等新型英语学习方式。执信小学英语教学与互联网跨文化交流促进师生的共同成长,相关成果已被写入吴秉健老师所著的《教师网络学习共同体与英语教学数字化融合创新》中,引领学生开展从课堂上的协作式学习到跨时区的全球协作学习。学生自主学习、小组合作学习和远程协作学习的能力有了显著的提高,在国内外引起了一定的反响。

在教研管理方面,抓好制度的落实,教研活动定时间、定地点、定内容,有计划、有记录、有小结。每次校本教研活动都注重内容的设计:理论学习方面要求每学期每位教师至少阅读一本教育教学专著、每学期参加专题研讨不少于10课时;经验学习方面要求每学期每位教师至少听课、评课15节,必须参与校内外各级别的教研活动;能力提高方面要求每位教师每学年至少上一节校级以上的公开课,并参与校级各种研讨课的集体备课;教育科研方面要求学科教研组每学年都必须针对教育教学中出现的突出问题进行校级课题研究。

骨干培养和培青工作是学科教研组建设的有效途径。骨干教师是教学理念的承接者和传播者、课堂教学的示范者。培养骨干教师,使大家有学习的楷模,是提高学科教研组整体教学教研水平的前提。学校英语学科教研组以陈玉玲副校长为代表的骨干教师从教以来,爱岗敬业、积极进取、勇于创新,工作中注重素质教育，关注学生的成长，认真学习英语新课程理念，潜心钻研教材、教法，大胆开展小学英语课题研究，积极承担市、区的示范课教学、培养年轻教师及校本培训等任务，带领学科教研组成员同心协力展开教学研究工作。"师徒结对"是培养年轻教师的一种捷径，通过互相听课、一对一具体教学指导，发挥骨干教师的传、帮、带作用，尽可能地让年轻教师少走弯路，缩短年轻教师的探索周期。为了让年轻教师得到充分的培养和锻炼，学科教研组实行"师徒结对"和"轮流参赛、轮流上课"的制度。"轮流参赛、轮流上课"制度可以巩固年轻教师的基本功，促使年轻教师尽快成长。不管哪位教师参赛或者上对外公开课，都采用"个人构思—集体探讨—形成初稿—集体研讨—定稿上课"的备课方式，听完课后进行集体反思，针对教学中存在的问题和不足进行再次修改、再次试教。在教研过程中，师父参与课题选择、教案设计、听课评课，每个细节都细细斟酌，反复磨合，直至满意为止。通过骨干引领、同伴互助、个人反思等措施，学校英语学科教研组的每一位教师都在教学实践中成长起来了。

执信小学英语学科教研组的全体教师紧密合作、共同担当、勤奋学习、深入研究，在教育教学领域取得了显著成就。在未来的教育教学中，我们将更加注重自我提升，以更饱满的热情投身其中，充分发挥团队和个人的综合优势，为培育出更多合格且出色的人才付出更多努力。我们深信，过去的辉煌并非终点，而是新的起点。我们将继续秉承优良传统，努力创造更加优异的成绩，勇攀新的高峰。

二、守正创新：基地学校教学实践探索

为进一步推进学校教研制度建设，发挥学校优势学科——英语学科的带动与辐射作用，搭建浈江区小学英语教研平台，促进英语教师的专业化成长，培养一支教学能力卓越、教育理论知识丰富的教师队伍，学校以"信息技术与英语学科深度融合"为主题，展开了一系列的教学实践探索活动。信息技术与英语学科的深度融合，是信息技术手段应用于小学英语学科教学的一种双赢教学模式。借助信息技术手段，推动教师技能发展；利用信息技术魅力，促进小学英语教学效能提升；发掘信息技术潜能，确保与小学英语教学深度融合。

自教研基地学校成立以来，我们以"信息技术与英语学科融合"的校本课

题研究为基本方向，积极开展小学英语词汇课、对话课、语音课、阅读课等教学研讨活动，探索有效的英语课堂教学模式。通过上课、听课、评课、学习、讲座等活动，寻找有效的教学策略。

（一）小学英语智慧课堂与合作学习深度融合的教学模式

时代的发展要求学生形成新的学习方式。新课程改革鼓励学生积极投身学习，享受探索知识的乐趣，着重培育他们收集信息、处理信息的能力，以及分析和解决各类问题的能力，同时强化他们的交流与合作技巧。普劳图斯曾经说过："个人的智慧只是有限的。"一个人智慧再高也抵不过多人的智慧，因此智慧课堂和小组合作学习融合对学习是有极大帮助的。智慧课堂和小组合作学习融合是一种创新，课堂中利用信息技术能够培养学生的自主学习能力，提高课堂教学效率。

1. 在智慧课堂环境中构建小组合作学习模式

为发展学生的学习能力，构建以学生为主体、以小组为单位、以小组活动为主要形式，学生以移动学习端为工具，教师、学生和网络资源之间实现有效互动甚至多向型的互动交流的小组合作学习模式，促使学生通过小组合作学习进行自主学习。在英语课堂教学中，运用智慧课堂移动终端的大数据，基于学生的学情，结合学习任务实施动态分组，开展小组合作学习活动，根据在学生学习活动中的数据进行动态管理，促进学生在小组合作学习活动中达到学习目标。

2. 网络环境下的多元评价方式

在网络环境下，学生使用移动学习端进行小组活动的学习过程更关注学生的参与性，学习小组的组建和管理也需要明确的合作学习目标。结合小学生心理发展的特点，利用好小学生的竞争心理，引入个人评价与小组评价相结合的评价标准。课堂竞赛以个人和团体相结合的成绩为评价标准，以参照标准为基本评价手段。教师可以利用Kahoot、一起作业网等设计多元化的学习任务并作为评价工具，使用网络系统对学生学习任务进行客观评价；也可利用微信等交流平台展示学生的学习作品，学生通过问卷星平台对其他组的作品进行投票评价。

3. 智慧课堂支持下的小学英语课堂活动

课堂中利用信息技术平台的搜索查找功能解决了词汇关，培养了学生的自主学习能力,提高了课堂教学效率。"阅读圈"模式应用于读写课中,是一种新型的合作探究学习模式。下面以潘星好老师的"阅读圈"小组合作学习模式示范课为例,详细介绍"智慧课堂与合作学习深度融合教学模式"的操作策略。

(1)运用"阅读圈"小组合作学习模式,促进学生的核心素养全面发展

潘星好老师以人教版《英语》六年级上册(三年级起点)Unit 2 Ways to go to school Part B Read and write为例。文本教学内容中的四段文字分别讲述了Munich,Alaska,Beijing,Papa Westray四个地方的孩子使用不同的交通工具去上学。阅读前,潘老师通过"guessing game",复习各种上学方式,激活学生已有的知识储备,为文本阅读做好铺垫。接着通过创设情境,引入课题,在情境中学习新的上学方式"by ferry""by sled",为阅读扫清障碍。阅读中,潘老师通过小组合作的形式把学生分为四个阅读讨论小组,每组学生选一个passage,使用阅读圈的方法,自主阅读,完成各项任务。学生选择Vehicle Man,Place Master,Reasonable Person,Connectors等角色,根据任务单有目的地自主阅读,然后在组内进行讨论分享,最后通过"Group report"的方式展示。潘老师使用微课展示"dangerous ways to go to school",以拓展学生的知识面,她出示图片引导学生使用句型:They must...Don't...给一些采用危险的上学方式上学的学生提出建议。

(2)借用"阅读圈"小组合作学习模式,培养学生的合作探究能力

小组合作学习是促进学生核心素养培养的一种有效方式,本节课通过阅读圈的小组合作学习模式很好地发展了学生合作学习和自主学习的能力。在课中潘老师深挖文本内涵,渗透地域知识,培养了学生的文化意识;巧设问题,激发学生的批判思维,发展了学生的思维品质。采用"阅读圈"模式进行小组合作学习,是一种新型的合作探究学习模式。它充分调动了学生参与的热情,培养了学生的合作探究能力。学生在学习中的主体作用得到充分发挥。同时,学生在自主阅读、独立思考和合作学习中,发展了语言能力,拓展了思维品质,培养了学习能力,锻炼了文化品格,让英语核心素养的发展真正落到了实处。

(二)基于移动终端支持的小学英语对话教学模式

基于移动终端支持的小学英语对话教学模式是一种创新模式,在对话教学中,教师力求让学生通过英语课程学习,发展英语听、说技能,形成英语语言

综合运用能力，促进思维品质的发展。下面以叶平平老师的智慧课堂（英语学科与信息技术深度融合的多技术融合）展示课为例，详细介绍"基于移动终端支持的小学英语对话教学模式"构建路径。基于移动终端支持的小学英语对话教学模式的基本流程分为课前、课中、课后三个部分，如图6-4-2所示。

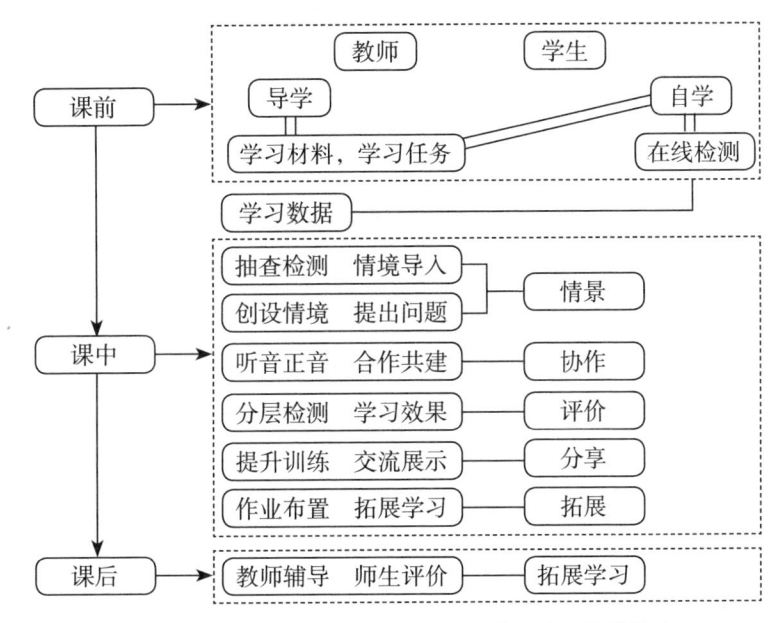

图6-4-1　基于移动终端支持的小学英语对话教学模式

1. 善用移动终端，实现资源推送的智能化和数据化

课前，教师备课时不断更新教学资源，向学生发布预习任务。学生的课前活动主要包括完成教师布置的预习任务，并完成学习之前的在线自测。叶平平老师利用平台的班级空间发布人教版《英语》六年级上册（三年级起点）Unit 4 I have a pen pal Part A Let's talk这部分的教学资源，让学生自主预习并完成预习任务，教师对学生任务完成情况的数据进行分析解读，并基于此进行教学活动设计，实现资源推送的智能化和教学决策数据化。

2. 融合移动终端，优化课堂教学，达到教学精准化

课中，教师先根据教学内容设置问题链，利用平台互动功能发送题目，学生用平板提交答案，即时生成报告，准确反馈每个学生的完成情况，实现精准教学。例如叶平平老师在教授人教版《英语》六年级上册（三年级起点）Unit 4 I have a pen pal Part A Let's talk时，特别注重语音教学，利用平台上的数字教材让学生模仿跟读、听音然后正音，使学生体会到运用正确的意群和语音语调来朗读对话的重要性。在教学过程中，叶平平老师还关注学生自主学习能力的培养，提供随时可用的数字资源，帮助学生实现个性化自主学习。在巩固和检测环节，叶平平老师利用一起作业App进行分层次的录音活动，通过App反馈的数据来检查学生对课文的熟练掌握情况，实现评价反馈即时化。在拓展环节，叶平平老师用平板录制学生的对话视频，课后推送优秀视频给学生，为学生提供了丰富的学习资源。

3. 巧用移动终端，实现作业和评价形式多元化

课后，教师通过朗读软件、"一起作业"等App布置作业或相关的拓展活动，并用App对学生的作业在线及时评分、评价和反馈，分析作业情况，并将作业完成量和准确率细化，进行一对一点评；另外，通过班级群等多种渠道展示学生的作业和作品；教师还可以借助微信点赞、QQ晒图、公众号展示等形式邀请学生和家长共同参与到评价当中，让学生作业有更多的展示平台和多元化的评价方式，从而激发学生的兴趣，提高其学习的积极性。

综上所述，移动终端技术的发展已成为这个时代发展的标志之一，其覆盖率高、应用广泛、操作简便等优势为教学注入了一种全新的教学思维，增添了更多新的元素，有效地提高了教学效率。小学英语教学要适应时代变化，教师要善用现代化信息技术手段优化英语教学，探索出更多信息技术与英语教学有效融合的新方法。

（三）指向核心素养的小学英语学科典型学习方式探索

《广东省教育发展"十四五"规划》提出，要制订数字教育资源建设和应用五年行动计划，数字教材规模化应用全覆盖，数字教材规模化应用将会推动优质资源的开放和共享，缩小区域、城乡和学校之间的差距，实现更加公平、更有质量的教育。

粤教翔云数字教材平台在这个大背景下应运而生，其教学资源非常丰富，使用平台上的各类功能，能推送优质资源给学生，让学生利用平台互相学习，提高课堂的效率和质量。

下面以陈玉玲副校长和杨雪华老师的教学为例，展示如何在英语课堂教学中使用粤教翔云数字教材平台的教学资源辅助教学，提高教学效率。

1. 巧用数字教材，让信息技术与课堂教学融为一体

执信小学陈玉玲副校长执教人教版《英语》四年级下册（三年级起点）Unit 4 At the farm Part A Let's spell。在本节课中，陈老师用自创的孪生兄弟绘本"or—o，or—er"让语音教学在语篇的环境中进行。通过绘本中对孪生兄弟"or—o"与"or—er"长相一样但表情不同的形象设计、"or—er"喜欢和他们的好朋友"w"在一起的情节设计，巧妙地将抽象的字母组合"or"的发音规律用具象的方式呈现给学生。这种巧思，降低了仍处于形象思维阶段的四年级学生在学习该课内容时的难度。陈玉玲副校长除了在教学设计上用心，在课堂呈现上也充分利用了数字教材应用平台的云教案功能、数字教材中的内嵌资源与教学工具，让信息技术与课堂教学融为一体，给学生创造更立体的学习空间，从而使学生真正成为课堂的主人。

2. 发挥数字教材的优势，让师生形成互动教学

杨雪华老师执教的是人教版《英语》四年级下册（三年级起点）"Unit 2 What time is it? Part B Let's talk"。学生通过Mike早上起床去上学的情境，感知了本课的核心句型"It's time to..."的语义及语用情境，同时以Mike的守时守纪行为作为榜样，形成严格的时间观念，使学生能够合理安排自己的作息时间，珍惜时间。这个板块的主要功能是通过读写活动帮助学生进一步巩固单元的核心词句。同时，充分运用数字教材的配套练习和画笔功能，让学生上台先画出关键词再进行图文匹配；然后，运用数字教材进行听音跟读，培养学生纯正的语音语调。杨老师还运用数字教材的聚焦功能，解决句子的相关结构和难点解析，培养学生的自主学习能力，体现了信息化技术支持下的"教—学—评"一体化。本节课以数字教材为抓手，巧妙运用数字教材的各种功能，发挥数字教材的最大优势，改变了传统的以教师讲授为主的教学方法，让教师和学生运用此平台进行互动教学，提升了教学质量，提高了学生学习英语的兴趣。

三、基地学校示范引领

近年来，作为基地学校，执信小学在学习新的教学理念，将先进的教学理念运用到英语教学实践中一直发挥着示范引领作用。教师们通过上公开课和网络直播的形式让其他学校的教师观摩学习，实现了教师们的共同进步和共同成长。

2021年11月，陈玉玲副校长在韶关市"百千计划"项目小学英语骨干教师的实践课程英语听评课活动中为全市中小学英语教师上了题为"Zoo's in London"的英语示范课，听课人员为全市小学英语教师。示范课彰显了新课改理念及其实施的教学方法和策略。陈玉玲副校长和杨雪华老师在2022年3月也为浈江区的中小学英语教师各展示了一节精彩的粤教翔云数字教材应用示范课，内容分别为人教版《英语》四年级下册（三年级起点）"Unit 4 At the farm Part A Let's spell"和"Unit 2 What time is it? Part B Let's talk"。这两位老师的英语示范课，展现了如何将信息技术运用到英语课中为英语课服务，助力英语课堂变得更加生动有趣和高效（见图6-4-2）。

图6-4-2 陈玉玲副校长为韶关市"百千计划"项目小学英语骨干教师上示范课

2020—2022年，由于新冠肺炎疫情原因，教师之间绝大多数面对面地学习停止了，但是网上的研训活动并没有停止。陈玉玲副校长、沈琳老师、杨雯老师和李财连老师分别承担了系列在线学术讲座：陈玉玲先后承担"多模态教学资源设计与应用研究""精细化课堂观察赋能深度的合作学习""小学英语阅读课中指向学科核心素养的学习活动设计""参与式培训课堂技巧"研训任务，主讲了"小学英语省名师工作室视觉素养助推多模态教学研究""小学英语省名师工作室学员第七次读书分享交流""小学英语省名师工作室引领网络学员提炼优秀教学资源""浈江区教研基地成果展示活动"等学术讲座；沈琳老师承担"专业的课堂观察，助力青年教师成长"研训任务，开展了"名师荐名著活动——《课堂观察：走向专业听评课》"学术讲座；杨雯老师承担了"核心素养中学习能力培养策略探讨"研训任务，主讲了"小学英语多模态教学论文撰写和精品课点评研讨"学术讲座；李财连老师为承担"基于英语学科核心素养的小学深度学习探究"研训任务，主讲了"指向深度学习的教学实践探究活动"学术讲座。

通过旨在推动教师专业发展的研训活动网络直播，将新颖的教学理念和教学实践结合起来，实时引领着区域英语教师队伍为深度学习而进行教学设计与实践。引领学科教师跟上时代的发展，不断地进步，不断提高区域学校的英语教育教学水平。

四、多措并举对口帮扶，示范引领促均衡发展

浈江区执信小学是韶关市首批"市一级学校""中小学生行为规范示范学校"，多次荣获市、区教育改革先进单位。近年来，作为全市9所基地学校之一，学校充分发挥辐射引领作用，相继与基层多所小学建立结对帮扶关系，帮扶足迹遍布韶关市内多个乡镇学校。

（一）示范跟岗，青蓝结对

为了整合教育资源，促进城乡教育均衡发展，培养新教师与实习生跟岗学习，学校形成了一套可行性的以老带新的青蓝结对指导方案。近三年来，执信小学英语学科教研组成了韶关学院教师教育学院实习生入职前的培养基地。为了做好示范引领，叶平平老师承担了人教版《英语》五年级上册（三年级起点）"Unit 3 What would you like? Part B Read and write"、三年级上册 Unit 4 I have a pen pal、五年级下册"Unit 4 When is the art show? Part B"等多次示范课；杨雪华老师承担了人教版《英语》三年级上册（三年级起点）Unit 4 We love animals示范课；杨雯老师承担了人教版《英语》三年级上册（三年级起点）"Unit 6 Happy birthday！"的示范课；黄燕芳老师承担了人教版《英语》四年级下册（三年级起点）Unit 5 My clothes Part A的示范课。

（二）助力基地和工作室建设

积极承担省学科教研基地研训任务以及广东省吴秉健名师工作室研修任务，关注对农村学校的帮扶，充分发挥示范、引领和辐射作用。多渠道培养基层教师的专业素质，大力提高课堂教学效果，实施了系列送教下乡活动。近三

年来，叶平平老师赴翁源永翔小学执教人教版《英语》五年级下册（三年级起点）Unit 4 When is the art show Part A示范课；杨雪华老师赴仁化董塘小学执教了人教版《英语》四年级下册（三年级起点）Unit 4 At the farm A Let's learn示范课；黄燕芳老师赴翁源永翔小学执教了人教版《英语》四年级下册（三年级起点）Unit 5 My clothes Part B示范课；叶平平老师赴仁化董塘小学和龙归中心小学执教了人教版《英语》六年级上册（三年级起点）Unit 2 Ways to go to school和人教版《英语》四年级上册（三年级起点）"Unit 6 Meet my family！"示范课。

（三）课题研究，辐射引领

执信小学英语课题研究结题后，把实践研究的经验提升为理论，通过送教、送培、讲座等形式在市、区内进行经验分享和成果推广。陈玉玲副校长通过讲座"合作学习在小学英语中的构想与实践"送培到浈江区风采实验学校。叶平平老师的区级课题"基于移动终端支持的小学英语对话教学模式的研究"从如何选题、如何扎实开展、如何进行有效研究、如何收集整理材料等几方面介绍了课题研究的有效经验。学校英语学科教研组以共同教研、送教下乡、课题研究、论文撰写、宣传推进等形式辐射乡镇学校，互相交流，互相切磋，达到共同提高的目的，为促进城乡英语教育教学质量的提升贡献团队的力量。

（本节内容主要执笔人：韶关市浈江区执信小学　陈玉玲　李财连　郑　洁）

后记

　　三年来，广东省韶关市小学英语省级教研基地的研训活动简报陆续通过微信公众号"数字化融合与伴随式创新"进行了推送发布。《深度学习与英语多模态教学新范式》的出版是广东省基础教育高质量发展的首批省学科教研基地项目团队建设的成果之一，也是构建省市县校四级教研体系的物化成果之一。在课程教学改革与教师专业发展的双向奔赴过程中，我们要不断坚持守正创新，增强内容与育人目标的联系，优化多模态课程资源，设计跨学科主题学习活动，加强课内外、学科间、线上线下相互关联的深度教学。一方面，要继续践行学思结合、用创为本的英语学习活动观，聚焦人与自我、人与社会、人与自然三大主题，以主题引领，研读多模态语篇，融合语言知识和文化知识，从学习理解、应用实践到迁移创新，开展主题意义探究的深度学习。另一方面，要推进信息技术与英语教学的深度融合，特别是发挥多模态语篇资源和教学策略对促进"教—学—评"一体化设计与应用实践的重要的支撑作用。

　　随着教师信息技术应用能力2.0转向教师数字素养的提升，知识向能力转化，能力向素养提升。知识向能力转化既需要学生具身认知的参与，也需要分布式认知的协同，不断发挥人工智能教育数字化转型的新优势。教学既需要知识结构化情境和大观念与任务活动的联结，也需要创新思维与批判性思维的协同。无论是基于主题意义探究的大观念教学或深度学习，还是基于分布式认知的数字化多模态的"教—学—评"一体化实践应用，促进学生的深度学习，都在一定程度上通过减少认知负荷来改善迁移学习和记忆表现，也在有效落实国家义务教育的"双减"政策。

本书的出版无论是从校本教研视角或区域教研的视角，还是从教育数字化转型的教研体系建设方面，都可从中进行借鉴，以便为基础教育高质量发展发挥教研的支撑作用。

2023年11月18日